浙江创业观察报告

2016

项国鹏 等 著

Report on Zhejiang Entrepreneurship Monitor

图书在版编目(CIP)数据

浙江创业观察报告. 2016 / 项国鹏等著. —杭州：浙江工商大学出版社，2017.4

ISBN 978-7-5178-1987-5

Ⅰ. ①浙… Ⅱ. ①项… Ⅲ. ①创业－研究报告－浙江－2016 Ⅳ. ①F279.275.5

中国版本图书馆 CIP 数据核字(2016)第 315159 号

浙江创业观察报告(2016)

项国鹏 等 著

责任编辑 郑 建

封面设计 林朦朦

责任印制 包建辉

出版发行 浙江工商大学出版社

(杭州市教工路 198 号 邮政编码 310012)

(E-mail:zjgsupress@163.com)

(网址:http://www.zjgsupress.com)

电话:0571-88904980,88831806(传真)

排　　版 杭州朝曦图文设计有限公司

印　　刷 杭州恒力通印务有限公司

开　　本 710mm×1000mm 1/16

印　　张 13.5

字　　数 208 千

版 印 次 2017 年 4 月第 1 版 2017 年 4 月第 1 次印刷

书　　号 ISBN 978-7-5178-1987-5

定　　价 42.00 元

浙江工商大学出版社营销部邮购电话 0571-88804227

浙江省哲学社会科学重点研究基地

——浙商研究中心研究成果

浙江省人文社科重点研究基地

——浙江工商大学工商管理学科研究成果

摘　要

浙江创业观察(2016)项目通过对浙江省各市辖区、县级市、县开展2000个左右的成人随机抽样调查、专家访谈及收集公开统计数据,系统开展浙江创业调查,总计获得有效样本1945个。本调查的研究框架以及组织实施基本参照全球创业观察(GEM),调查内容包括两个部分:第一,18—64周岁的成人随机调查,这是对创业活动特征、创业者个体特征等方面的总体调查;第二,专家调查,主要针对各地创业环境展开调查。相对于全球创业观察,浙江创业观察增加了对于创业实践中普遍存在的现象——创业失败,以及区域创业文化的调查。

1.1　浙江创业活动总体状况

● 总体创业者比例:创业活动主要有两种形式:独立创业和在已有组织基础上的创业。独立创业包括正在尝试创办自己的企业/生意和已经拥有一个企业/生意;在已有组织基础上的创业是指雇员正在帮助其雇主筹备一个企业/生意或新投资,后者之所以越来越被认可为一种创业类型,因为它同样具备了创业的所有行为方面的特征,例如主动性、对机会和创新的追求。调查结果显示,浙江省总体创业者比例为51.8%,表明半数以上的浙江民众都参与创业之中。

● 早期创业活动指数:早期创业活动指数(Total early-stage Entrepreneurial Activity, TEA)是指18—64岁的年龄群体中,参与企业创建或运营企业少于3.5年的个体数量在成年人口中所占的比例,包含初生创业者（运营时间少于 3 个月）和新企业所有者（运营时间多于 3 个月，少于 42 个月）。浙江早期创业者比例为 22.4%，这一数据表明浙江省大约五分之一的人为初生和新企业创业者，显示浙江省具有很高的创业活跃度。

● 创业潜力与创业氛围：创业潜力主要通过四个指标进行测量，分别是身边朋友的创业情况、近期有无创业机会、创业所具备的知识技能以及自身对于创业失败的态度。创业氛围主要通过三个指标进行测量，分别是对创业的追求、对创业的评价以及媒体对创业的报导。浙江总体创业潜力评价为 0.72，说明浙江创业前景相当可观；创业氛围评价为 0.85，说明大多数人都能感知到周边创业的存在。

1.2 浙江创业活动类型

● 创业者人口统计特征：浙江男性创业者占早期创业者群体的比例达到 54.7%，女性创业者为 45.3%；18—34 岁的创业者是浙江的创业主力军，占到浙江早期创业者群体的 84.6%，其中又以 25—34 岁的创业者偏多；创业人数随着学历变化整体呈现为“中间大、两头小”的橄榄球型，大专、本科学历的创业者最多，分别占到 32.18%和 33.10%。

● 创业动机：浙江机会型创业占到浙江早期创业者群体的 86.71%，这说明浙江总体上已经实现了从生存型创业到机会型创业的转变。从性别来看，机会型创业中男性创业者偏多，而生存型创业中女性创业者偏多；在年龄方面，45—54 岁和 55—64 岁两个年龄段的生存型创业者比例较高，25—34 岁的生存型创业者比例较低。从学历看，随着学历提升，生存型创业比例下降。

1.3 浙江创业中的创新意向、能力与活动

● 创业者创新意向与创新能力:结果显示76%的初生创业者表示过去3年内没有参与过雇主开发的新项目,初生创业者和新企业创业者表示过去3年内参与雇主开发新项目活动的分别占有24%和30%。这表明浙江大部分初生创业者及新企业创业者过去3年没有参与新项目开发活动。

● 企业创新活动:从产品使用生产技术及工艺手段来看,30%的初生企业及27%的新企业使用的技术很新颖;44%的初生企业及50%的新企业使用的技术较为新颖;19%的初生企业及22%的新企业使用的技术不新颖。这一结果表明企业产品或服务所能提供的技术或工艺有一定的新颖性,但程度还有待加强。

● 企业创新绩效:8%的初生创业者认为他们提供的产品或服务对客户而言是全新的,85%的初生创业者认为他们提供的产品或服务至少对部分客户来说是新颖的。而新企业创业者中,13%的创业者认为他们提供的产品或服务对所有客户都是全新的,82%新企业创业者认为至少对部分客户是新颖的。无论是初生创业者还是新企业创业者,很少认为其产品或服务对所有客户而言不具有新颖性。总体上,浙江省内创业者认为其企业所生产的产品或服务能带给客户一定的新颖性及独特性。

1.4 浙江创业中的社会网络

● 创业企业所有权:被调查的初生创业者中68%部分拥有企业,32%是完全拥有;新企业创业者中,67%是对企业部分拥有,33%是完全拥有。这说明在创业初期,创业者为了减少风险,会选择和其他人合伙的方式来创建企业或者生意。初生创业者及新企业创业者所创办的企业大

多是2—3个人同时拥有，少数是4—15个人拥有。创业团队成员工作经验背景前三位的分别是管理、市场推广/营销/销售、会计/成本控制/金融经验。

● 外部社会网络：在初生创业者中，有67%—87%的创业者选择与其他企业或组织保持紧密性。在新企业创业者中，83%—89%的人认为与其他企业的合作是非常紧密的。不论是初生创业者，还是新企业创业者，给予他们最多意见的主要是朋友，其次是父母。大多数受调查者选择不会投资他人创办的新业务，只有15%的人会投资他人创办新业务。投资人大多选择对朋友、邻居、同事、家庭成员、其他亲戚或血亲（远亲）等这些知根知底的人进行投资。

1.5 浙江创业失败

● 创业失败经历：在浙江已有创业者中（包括新企业所有者和成熟企业所有者），未曾经历过创业失败和经历失败次数在1—4次的范围内的成人比例相当，分别占比例46.3%和49.6%，平均失败次数为1.63次。有52.5%的创业失败者会立即展开下一轮的创业活动，47.5%的已有创业者选择在失败后个人调整一段时间，平均而言，创业失败与再创业的时间间隔平均约为11.79个月。在中止创业人群中，大部分人曾经历过创业失败，占比例为75.8%，73.5%的成人经历过1—4次创业失败，创业失败次数均值为1.49次。

● 创业失败行业与原因：已有创业者和中止创业者失败所属行业均以服务业为主，但略有差别；已有创业者创业失败行业比较分散，而中止创业者失败所属行业主要集中在零售业和餐饮业。已有创业者认为先前创业失败的最主要内部原因前三位分别是：缺乏管理知识、资金短缺、缺乏发展战略或者战略不清晰和缺乏人才；外因主要有竞争激烈、顾客消费需求的改变、企业外部环境不确定性太大；创业者更多的是将其失败归为内因,比例约占73.9%。中止创业者认为其创业失败的最主要原因前三位分别是:资金短缺、市场竞争激烈和缺乏管理知识。

● 再创业原因与失败知识运用:已有创业者在创业失败后选择再创业的最主要原因前三位分别是:寻求自主权和对创业有热情、有梦想成为企业家、获得更高的经济收入和报酬。他们会将从上一次失败的经历中学习到的知识应用到新创企业中,其中应用最多的是:客户开发与市场营销知识、产品(或者服务)开发知识和企业经营成本控制知识。

● 再创业质量:无论是否有创业失败的经历,创业者们都较注重该产品的创新性程度,即产品创新性与创业失败经历无明显关系。但在产品/服务竞争性方面,对于无创业失败经历的创业者而言,认为其企业有很多竞争对手和少数竞争对手的均占48.1%,而有创业失败经历的创业者各占58.7%和38.1%,有创业失败经历的创业者在再次创业时,会采取"求稳"的方式。50%有创业失败经历的创业者中,其再创业会选择已经问世一到五年的技术或工艺,而无创业失败经历的创业者中,有57.4%会选择已经问世一到五年的技术或工艺;相对而言,有创业失败经历的创业者更加保守一些。但有失败经历的创业者对于新创企业的成长抱有更高的成长期望。

1.6 浙江创业文化

● 不确定性规避所测量的是社会成员通过社会规范、仪式和规章制度等减少未来事件不确定性的程度,浙江均值5.39明显高于全国均值,这说明浙江人相对属于不确定性规避较高的人群。未来导向所测量的是当地社会人们是否普遍存在长远的观点,浙江均值4.92也是明显高于全国水平。权力距离所测量的是社会成员期待或者认可权力可以不平等地在社会成员之间分享的程度,浙江均值4.67明显低于全国,权力距离相对较低。小团体集体主义所测量的是个体在多大程度上隶属于某个社会群体，浙江均值 4.94 明显低于全国。绩效导向所测量的是社会鼓励并表彰人们追求卓越行为的程度，浙江均值 5.73 明显高于全国。恃强性所测量的是人们在社会交往中表现出的直面冲突和进取性的程度，浙江均值 5.05 也明显高于全国水平。

1.7 浙江创业环境

● 金融投资：根据创业企业资金来源主要途径及需求者，设置 6 个问题，主要考察区域内的自由资金、政府补贴、风险资本投资（VC）及首次公开募集股份（IPO）等资金渠道对个人及新创企业的支持力度。湖州、杭州、丽水、绍兴和舟山 5 个城市的金融投资的均值水平较高，而衢州和宁波地区的金融投资和创业者需求有一定缺口。

● 政府政策：从政府政策的稳定性、高效性、税收和便利性等个方面来评价该地区的政府政策对于新创企业的支持效果。杭州、舟山和湖州基本能够达到较好水平，而金华、嘉兴、温州、宁波和衢州的政府政策只能处于基本满意边缘，提升空间较大。

● 政府项目：通过了解创业企业对公共项目及扶持项目需求，评估科技园区、企业孵化器、政府项目和机构的数量及支持力度，调查区域相关政府项目对创业企业支持的影响。杭州、舟山和湖州在创业项目建设数量和服务质量等方面领先于其他城市，而嘉兴、金华和衢州处于相对落后位置。

● 创业教育：创业者接触和学习创业知识主要通过在校教育和社会教育培训等途径，从几个方面考察地区创业教育和培训的情况，除衢州市创业教育缺口较大外，其他 10 个城市在创业教育和培训方面工作开展较为均衡，基本维持在比较好的水平。

● 研发转化：创业活动成为科研成果转化的关键实现途径，尤其是科技类创业活动更加关注科研成果转化数量和效率，主要从 6 个方面考察研发转化对创业企业效果。绍兴、舟山和丽水三个城市创业企业在对研发转化相对较好，但是距离满意水平仍有较大差距，台州和衢州地区落后于基本水平。

● 咨询服务：根据企业创建及发展不同阶段对咨询服务的需求，从5个方面评价地区内为新创企业提供的营商咨询服务。杭州、宁波和丽水三个城市的创业者对咨询服务环境满意度较高，嘉兴、温州、绍兴、舟山等7个城市的咨询服务业基本能够满足创业企业发展需求，衢州对创业企业提供的咨询服务处于浙江省末位且未能满足创业者需求。

● 市场条件：新创企业具有“小规模”和“新进入者缺陷”，市场开放程度及可接触性对于新创企业生存和成长发挥至关重要作用。从6个方面对区域内的市场条件进行评测，各市的市场条件差距并不大，杭州领先于其他城市，温州和衢州对创业者来说市场条件效果稍微不足。

● 基础设施：创业成长过程需要各种资源保障，区域基础设施就是该类资源的主要来源，从5个方面来考察区域内为新创企业提供的基础设施质量。浙江11个市在创业基础设施方面表现良好，均处于较高水平。

● 创业认知：与创业文化有相似之处，但是创业认知更能反映区域内大众对于创业活动及成为创业者的认识态度，能够较好反映区域内公众对于创业的理解。杭州表现领先于其他城市，舟山、金华、丽水、嘉兴和衢州地区的创业认知水平较低。

● 人力资本：从新企业是否能招聘到合适的高管和工程师、普通员工培训、毕业生质量等方面，了解新创企业在人力资本需求的满足状况。杭州、湖州、舟山和绍兴地区人力资本领先于其他城市，丽水、衢州、嘉兴、宁波和台州地区表现一般，基本满足创业者对人才需求，温州和金华人力资本状况相对滞后。

● 创业支持：创业支持主要评价区域内创业扶持措施的数量与质量。绍兴和杭州地区对于创业支持呈现高水平，衢州、宁波、金华和温州地区创业支持相对靠后。

● 知识产权保护：主要从 4 个方面来调查区域内的知识产权保护现状，杭州、丽水和绍兴领先于其他城市，舟山、衢州、温州和金华在知识产权保护方面需要加大力度。

1.8 浙江区域创业水平

● 区域创业水平测度：采用中国私营企业创业指数（China Private Entrepreneurship Activity，简称 CPEA）衡量地区创业活动水平，CPEA 是指某地区每万成年人（15—64 岁）中在过去 3 年新增的私营企业数量。2015 年 CPEA 前三位分别是杭州 307.63、宁波 217.61、金华 194.55，最后两位分别是衢州 72.07、丽水 69.00。对比创业水平最高的杭州和最低的丽水两个地区，前者是后者的 4.46 倍，这说明浙江的区域创业水平存在显著差异。

● 区域创业水平影响因素：产业结构、创业文化因素没有对区域创业产生显著影响；消费水平增长、技术发展、人力资本和私人财富因素的增加会促进区域创业水平的提高。

● 两类地区创业差异：以人均 GDP 衡量，将浙江 11 个市分为发达地区和欠发达地区，以杭州为代表的发达地区，CPEA 平均值为 184.82；以衢州为代表的欠发达地区，CPEA 平均值为 114.83。这说明创业对于地区经济发展的推动作用毋庸置疑，创业活动是经济增长的重要源泉，创业水平差距可以驱使区域经济发展水平差距的不断扩大。

● 两类地区创业差异影响因素：浙江发达地区和欠发达地区在人口变化、技术发展、人力资本、创业文化和私人财富 5 个方面均存在较大差距，尤其是技术发展和私人财富两个因素之间的差距还有明显扩大的趋势。这在一定程度上导致了两个地区间创业水平的差距。发达和欠发达地区的产业结构因素差距并不显著，这说明浙江产业结构对创业水平还没有形成显著的影响。

目录

第1章　绪论

随着全面深化改革的推进，“大众创业，万众创新”逐渐成为中国经济发展的新引擎。浙江省作为全国民营经济发展最活跃的区域，其庞大的创业群体、活跃的创业实践、丰硕的创业成果、开放的创业环境，在打造浙江省创业引擎的同时，也为全国的创业创新提供了重要借鉴。但是，浙江省的创业历程却缺乏系统的经验总结、理论提炼和学术升华，难以有效指导创业实践、创业政策优化及其本土化创业理论发展。为了弥补这个“缺口”，浙江省哲学社会科学重点研究基地“浙商研究中心”经充分论证，决定参照“全球创业观察（Global Entrepreneurship Monitor，GEM）”的操作程序与研究方法启动“浙江创业观察（Zhejiang Entrepreneurship Monitor，ZEM）”研究项目。该项目计划通过每年在浙江省各市辖区、县级市、县开展2,000个左右的成人随机抽样调查、专家访谈并结合公开统计数据，全面开展浙江创业调查，并定期发布年度性《浙江创业观察报告》，从而系统梳理浙江创业实践经验，提炼创业理论框架，为政府制定科学有效的创业政策建言献策，积极发挥理论创新与资政研究作用。

本章内容主要涵盖这些方面：首先，阐述ZEM项目启动背景，说明项目启动的必要性；其次，介绍项目参考框架，即GEM内涵、组织实施程序、历年调查的主要发现及其对浙江创业观察项目的启示；再次，简要介绍本项目实施概况；最后，说明本书的内容框架及内在逻辑。

1.1 项目启动背景

1.1.1 浙江创业现状

浙江从一个“资源小省”发展成为全国经济强省，与其浓厚的创业氛围和悠久的创业传统密不可分。浙江个体工商户总数、私营企业总数以及每万人市场主体拥有量均居全国前列，通过创业创造出大批就业岗位，为浙江经济发展提供活力。李军(2009)提出浙江民营经济的创业创新可以上升到国家战略，可见创业活动对于浙江发展的重要性。为了更好地评价浙江省创新创业的情况，本书主要可以通过个体和组织两个维度建立区域创业水平评价指标体系，比较各地区的创业数量和创业质量(张钢 等，2009;齐玮娜，2015)。这里借鉴区域创业水平的相关研究，形成浙江创业水平的三级评价指标体系。如表 1-1 所示：

表 1-1 2010—2014 年浙江创业水平的评价指标体系

指标性质	一级指标	二级指标	三级指标	2010	2011	2012	2013	2014
创业数量水平	个体	数量	城镇个体经营户就业人数(万人)	286.5	307.3	333.2	336.9	372.3
		频率	城镇个体就业占劳动人口比例(%)	16.0	16.2	16.8	16.3	16.9
		活力	个体就业人数增长率(%)	—	7.3	8.4	1.1	10.5
	组织	数量	私营企业数量(万家)	47.2	54.9	61.7	74.4	94.3
			私营企业就业人数(万人)	592.1	609.3	618.9	696.7	757.8
		频率	私营企业数量占企业数量的比例(%)	82.8	83.3	83.5	85.7	87.3
			私营企业就业人数占就业人口的比例(%)	33.1	32.2	31.3	33.7	34.4
		活力	私营企业数量的增长率(%)	—	16.3	12.4	20.6	26.7
			私营企业就业人数的增长率(%)	—	2.9	1.6	12.6	8.8

续　表

指标性质	一级指标	二级指标	三级指标	2010	2011	2012	2013	2014
创业质量水平	创新性绩效	区域知识创造水平	每万名就业人员研发人力投入(人)	371.5	347.2	417.5	468.9	510.8
			每万人专利拥有量(项)	23.5	25.3	28.8	31.4	39.8
			每万人被国外主要检索工具收录科技论文数量(篇)	3.2	3.1	3.4	3.2	3.1
		区域知识流动水平	人均技术交易额(万元)	0.54	0.40	0.38	0.39	0.43
		企业创新水平	规模以上私营工业企业新产品产值占 GDP 比重(%)	17.1	19.1	19.9	25.2	27.9
	规模性绩效	企业投资绩效	私营个体经济人均固定资产投资额(万元)	3.3	4.1	4.9	5.4	6.1
		企业生产绩效	私营工业企业人均销售收入(万元)	47.3	61.1	76.5	69.3	71.9
			私营工业企业总产值占 GDP 比重(%)	82.1	71.8	70.2	68.3	67.9
			计算机及信息产业总产值占 GDP 比重(%)	2.2	2.3	2.5	2.9	3.4
	创业人力资本	人力资本	每万人口大学生在校人数(人)	171.3	175.6	180.2	185.1	188.6

资料来源:《中国统计年鉴》(2010—2014)、《浙江省统计年鉴》(2010—2014)、《浙江省第三次经济普查主要数据公报》

从表 1-1 可知,浙江省整体创业活动呈现活跃状态。从创业数量角度来看,2010—2014 年个体层面和组织层面的创业数量、频率和活力都有所上升,特别是在 2014 年有跨越式增长;从创业质量来看,创新性绩效、规模性绩效和创业人力资本都有持续显著提高。但是,在活跃的创业活动背后,应该认识到,浙江创业活动缺少发展型创业、精英型创业以及知识型创业,使浙江产业结构转型受到制约(卓勇良,2015),传统创业发展模式越来越受到各种资源要素的制约(兰建平 等,2007),传统全民"经商下海"的创业行为使低端产品以及多数产业产能严重过剩,社会资源严重浪费(王永昌,2015)。因此,浙江的创业活动虽然很活跃,但亟需知识创新的支撑并提升创新型创业的比例。浙江在自主创新能力逐步增强、土地能源等要素瓶颈制约的背景下，加快推动浙江创业活动转型，对新常态下浙江经济社会转型升级具有重要意义。

1.1.2 浙江创业理论研究

伴随着创业理论研究的发展，浙江创业研究也在不断深化。既有宏观层面的创业环境和创业政策的研究，也有中观层面的家族和群体创业、企业二次创业等研究，还有微观层面的创业精神和企业家行为研究。

第一，创业环境研究。

创业环境作为情境变量对创业活动的发生具有重要影响（蔡莉，2007），因此浙江创业环境研究对浙江创业理论研究以及浙江创业实践指导都具有重要意义。研究主要集中在这些方面：一方面，对浙江省内部各地区创业环境进行分析，如比较杭、甬、温 3 地的创业支持系统发现，杭州的创业状况较为理想，但其创业活动各支持系统间发展不平衡，也缺乏浓厚的创业文化氛围，而浙江文化环境对创业活动具有不可忽视的作用（陈立旭，2005）；宁波具有浓厚的区域特色，但总体尚以生存型创业企业居多；温州现有创业企业发展良好，但其创业支持系统并不完善，特别是科教支持系统和环境支持系统尤为不足（吕宏芬 等，2009）。另一方面，把浙江省创业环境与外部其他地区创业环境加以比较分析。如比较江苏、浙江两地创业环境后发现，江浙地区创业企业仍存在融资困难、政府的政策扶持及引导作用未充分发挥、创业者对创业的风险与收益关系的正确理解尚待加强、理性创业的意识和动力相对不足等问题（陈婷婷，2012）。池仁勇和张宓之（2012）从创业文化环境、创业服务体系、政策环境、融资环境、人力资源环境 5 方面对中国台湾与浙江中小企业创业环境进行比较，发现浙台都拥有经商文化，但中国台湾崇尚冒险的创业精神，浙江则更倾向于保守；中国台湾拥有一套较完善的官方机构及社会组织所协调的创业服务体系，而浙江大多依赖官方机构，社会创业服务体系不够健全；虽然浙台两地均实施宽松的创业政策，但中国台湾的政策更具渐进性；相比浙江，中国台湾的融资渠道更为多元化，并且中国台湾的劳动力素质高于浙江。

第二，家族和群体创业研究。

浙江是一个受宗族文化影响较深的区域，因此在浙江私营企业成长过程中，中国传统家族文化的“差序格局”的作用尤为明显（陈立旭，2001），家族对创业活动起积极作用，家族创业不仅提高社会性资源获取能力，对社会认知能力的改进也有帮助（杨学儒 等，2009；潘安成，2011）。现有文献对家族创业资源来源研究大多以家族社会资本作为主要路径。代吉林、李新春、朱仁宏（2013）认为家族成员之所以对家族创业者提供资源支持，不仅因为信任，还受利益、利他、互惠等因素影响。浙商群体往往带有浓厚的家族化色彩，在“家文化”意识的背景下，社会信任结构体系由泛家族信任、私人信任和个体信任构成，从而影响创业者的行为模式（薛国琴，2011），由“已”到“家”、由“家”到“国家”、由“国家”到“天下”的人际关系网络是浙江私营企业筹集资金的最有效渠道（陈立旭，2007）。改革开放以后，浙商的集群式发展模式正是基于家族纽带以及由此衍生的泛家族关系（朋友、同乡、认亲等模式）进行群体性创业，通过亲缘、业缘等关系进行区域化扩张，一种产业、一个产品、一种模式很快就会蔓延开来（缪仁炳，2006）。吴翰洋（2007）通过研究嵊州领带集群发现，集群发展为企业家人力资本和社会资本积累产生积极影响。张一力 等（2012）概括了温州地区三个典型的企业家群体，包括永嘉桥头的品牌代理商群体、永嘉花坦的超市商人群体以及泰顺建材商人群体。另外，浙商在当地进行群体性创业的同时也向外扩张，进行群体性跨区域发展，以温州最为典型，温州商人在全国各地成立温州商会，这种抱团行为满足温州企业家获取更多的政治和经济资源等共同利益的需求（张一力 等，2012）。

虽然基于家族和泛家族关系纽带的创业形式为浙商带来显著的优势，家族资本（人力、财务、社会）是家族创业的重要资源基础（代吉林 等，2013），但在家族企业发展扩张的同时，浙江民营企业家族化也造成很多困境（缪仁炳，2006）。首先，家族和群体创业在企业扩张阶段受其社会网络关系限制，现有的集群以家庭、血缘关系、亲情、乡情等个人网络为基础形成，集群网络的有效扩大比较困难（向荣，2007）。家族企业的成长与社会关系网络转型密切相关，家族企业治理、转型、传承需要考虑社会关系网络变化（刘洋，2008）。其次，现有集群内部存在过度竞争和低水平竞争。吕福新（2008）提出浙商需要实现从模仿创业向自主创新的转变。再次，浙江家族企业传承也面临困难，浙商面临社会责任感缺失，接班人群体人生观扭曲的问题（林雄，2011）。吴炯、李保杰（2015）研究发现，父辈政治关联对跨代创业并无明显影响，家族企业的社会资本需要传承和更新。因此二代继承人往往因为权威合法性不足面临难以服众的困境（朱建安 等，2015），在这种情况下，李新春、韩剑、李炜文（2015）认为，二代继承者应该通过整合一代社会资本以及二代异质性资源进行组合创业，而不是在父辈的传统领域继续经营。

第三，二次创业研究。

中小企业活跃是浙江经济的显著特点之一。中小企业由于固有的灵活性、迅速变化等特点，更专注于市场机会的追踪和识别，在改革开放初期已经取得了初次创业的成功，民营经济为浙江经济快速发展做出重要贡献（汪彩君 等，2009）。而随着社会经济环境的变迁，一方面，劳动力成本优势褪色使得浙江传统制造业步履维艰，传统产业结构已无法适应转型背景下中国的市场环境，浙江的中小企业面临产业转型升级的挑战。另一方面，随着企业规模的扩大，对企业带来一系列新问题（汪彩君 等，2009），例如：浙江民营经济活跃，其中大多数家族企业面临传承的问题，二代继承者是继续经营父辈传统领域还是进行组合创业直接影响企业发展（李新春 等，2015）。因此新常态下浙江中小企业如何进行二次创业，是浙江创业研究的重要内容。具体而言，浙江民营企业面临宏观形势变化、国企改革深入与竞争力增强、产业布局不合理、家族型企业制度制约、企业家素质不高等 8 个动因促使中小企业不得不进行二次创业（黄烨，2006）。在此基础上，郭刚志（2012）提出产能过剩驱使企业技术创新、企业家精神以及政策环境优化也是二次创业的驱动因素。邢欢（2013）通过研究温州中小企业发现，融资困难是中小企业在二次创业过程中遇到的主要问题之一。黄烨（2006）则提出浙江民营企业二次创业中需要实施“走出去”和“练内功”相结合的战略，对外要合理产业布局，实现国际化，对内要技术创新、机制创新、管理创新相结合，加强品牌意识。

第四，创业精神研究。

浙江素以民营经济独具活力而著称，而民营经济活力的内在动力源于浙江企业家的创业精神。学者研究发现，浙江企业家创业精神普遍包括吃苦耐劳（林雄，2011）、富有机遇意识（徐建平 等，2008）、富有冒险精神（吴颖奇，2011），以及敢于创新、精益求精（陈泽环，2004；林雄，2011）等方面。在此基础上，薛国琴(2011)提出家庭、企业相伴精神也是越商企业家精神的特质之一。汪岩桥、陈海红(2008)认为求实、重商、坚韧是浙江企业家精神的主要内容。林吕建、唐玉(2011)根据创业阶段不同，进一步将浙江创业精神细化，认为浙江企业家在创业时期具备“四千精神”，守业时期具备敬业精神、变通精神、团队精神、诚信精神等。

浙江企业家创业精神的形成源于浙江独特的文化传统、经济结构、制度环境、地理环境(罗卫东，2000)。首先，浙江企业家创业精神和行为特征深受吴越文化和传统功利主义思想影响(徐建平 等，2008)。林吕建、唐玉(2011)认为浙商精神的形成与浙江以民为本、工商皆本、义利并举、海洋及陆地文化等传统文化价值是分不开的。以温州为例，温州的“瓯文化”是温州企业家形成冒险、务实与创新的创业精神源头(张一力 等，2012)。缪仁炳(2006)、陈立旭(2006)则认为浙商精神受浙东事功学派影响。其次，地理环境对浙江企业家创业精神的形成产生重要影响。政治角度来看，浙江长期处于政治统治边陲地带，缺乏政府和社会精英的支持，因此浙江创业呈现鲜明的“草根”、务实的精神(缪仁炳，2006)；就自然资源环境而言，浙江“七山二水一分田”的自然禀赋不足使得大部分地区无法依靠农业实现经济发展，不得不进行创新和冒险(罗卫东，2000)。即使浙江省内，不同区域企业家的创业精神也存在差别。徐建平、王重鸣(2008)对浙江省内9个地区企业家访谈实证研究发现，浙北企业家表现更多的是稳健保守和创新学习，浙东企业家比较务实肯干，做事执着，而浙南企业家富有冒险性和创业激情。另外，浙江企业家创业精神也离不开制度环境的影响。浙江处于计划经济较弱的区域，受计划经济价值观念影响较少，在经济体制转换背景下，浙商较快培育起了自主创新的精神(陈立旭，2000)，温州企业家形成了冒险、探索的精神(张建君，2005)。

整体而言，浙江创业研究已经取得了较大进展，这为后续研究奠定了重要基础。但这两点需要引起重视：一是尚未建立一个能够把微观与中观、宏观层次加以有机衔接的分析框架；二是缺乏针对特定区域的基于大样本调查的定量研究。因此，未来研究需要在这些方面做出探索。

1.2 项目参考框架

浙江创业观察(ZEM)的参考框架是全球创业观察(GEM)。GEM于1999年在美国百森商学院和英国伦敦商学院的共同发起下正式启动，是一个旨在研究全球创业活动态势的跨国家跨地区的超大型研究项目。GEM在1999年第一次实施时，有美国、加拿大、德国、英国、日本、法国等10个国家参加。截至2015年，包括中国在内的GEM项目参与经济体已经达到62个，参加GEM的国家和地区人口总数已经占到了世界人口总数的70%左右，GDP占到了世界总量的90%左右。GEM的年度创业研究报告和地区研究报告受到各国政府和相关机构的广泛关注，产生了显著的国际影响(潘剑英 等，2014)。下面将从GEM的内涵、实施方式以及年度报告的主要发现等方面，对GEM做简要综述。

1.2.1 GEM的内涵

经济增长的核心动力从何而来？熊彼特学派认为来自企业家创业。这个观点如何得到实证支持，需要微观数据支撑，这应当是发起GEM的出发点。具有远见卓识的研究机构开始着手构建基础数据库，为创业与经济增长机理的研究提供素材。具有优良学术传统的百森商学院和伦敦商学院倡导开展世界创业指数(World Enterprise Index)项目(后改名为GEM)(李慧清，2015)。开展这个项目的核心逻辑如图1-1所示。明晰创业活动与经济增长的关系是出发点(邱琼 等，2004)，需要分别刻画创业活动和经济增长，经济增长已有刻画方式较为成熟，那么重点就是创业活动本身的刻画。如何刻画创业活动，需要区分创业活动的阶段、创业主体的特征、创业国家、行业和地区的差异等。进一步则需要回答，导致这些国家间创业活动差异的原因是什么，即创业前因调查。GEM从社会价值和创业者自我感知两个方面予以刻画，从而形成“创业前因——创业活动——经济增长”的逻辑主线。但这个逻辑都是从主体出发的，没有关注客体即创业环境的影响，而这个影响又是重要的。进而GEM设计涵盖金融、教育、市场、政府项目等多维度指标来开展创业环境调查。因此，从这个核心逻辑的演绎不难看出,GEM 的调查重点是"创业活动、创业前因和创业环境",基于这些主变量之间的关系探讨内在机理,并在政策层面给出相应的建议。当然,随着知识积累和实践需要,调查涉及的项目也在不断演变。特别是基于创业调查数据库所开展的深入研究正在不断增加(Wong et al.,2005;Sarfaraz et al.,2011)。

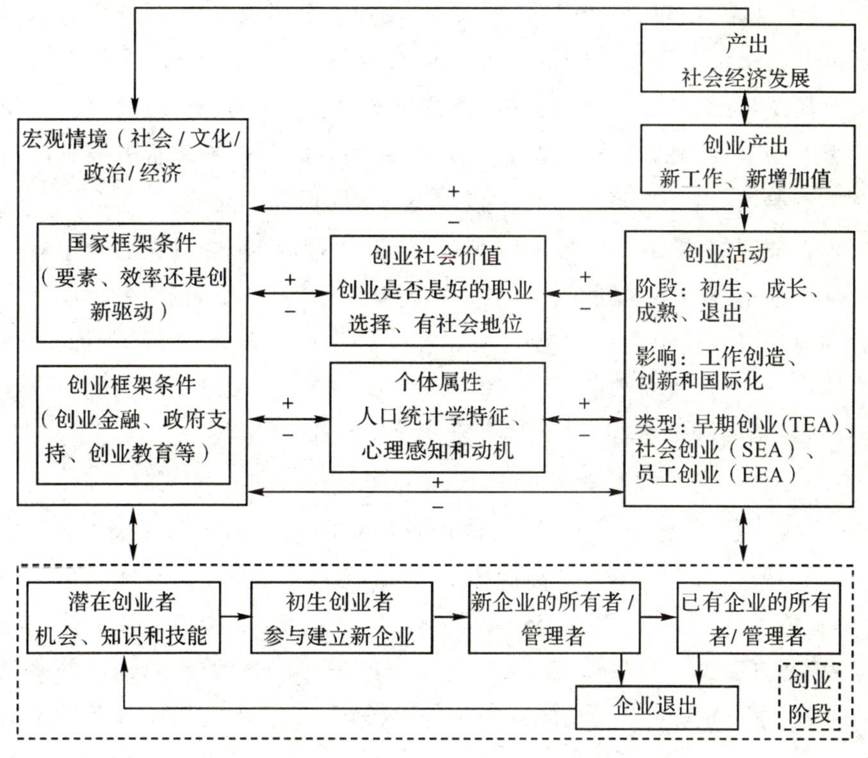

图 1-1 GEM 的核心逻辑

资料来源:作者根据有关资料自行绘制

1.2.2 GEM 实施方式

GEM 项目旨在衡量不同国家之间在创业早期阶段的活跃状况,并探讨影响创业活动活跃程度的驱动因素。它将创业界定为个体正在创建自有企业,或是已经拥有或管理一个正在营运状态的年轻企业的活动过程,研究设计上以那些从产生创业概念、发现创业机会到创立企业三年半之间(少于 42 个月)的早期阶段创业者作为主要调研对象。在项目实施上，GEM 是以 18—64 岁之间的成人群体作为调研样本，各个国家的研究团队依据相同的研究模型在每一年度内要求至少完成 2 000 个成人样本的随机抽样调查和 40 位以上的专家问卷调查工作。GEM 2016 年的最新研究报告调查人数达到 20 万人，有 4 000 名来自不同国家的创业研究专家参与其中。

GEM 报告包括两个部分：其一，运用成人随机调查法，结合 TEA（早期创业活动指数）（Total Early-stage Entrepreneurial Activity）指标测量创业活跃程度；其二，运用专家调查法进行创业环境的调查，测量国家层面影响创业行为的环境要素，主要包含基础要求要素、效率提升要素和创新创业要素。10 多年来，GEM 报告变量、指标和整体框架体系逐年完善。以最新的 2016 年报告为例，基本框架包括两部分：第一部分主要分析全球视角下的不同创业特征，分为全球创业活动特征、创业者个体特征和创业环境 3 大板块；第二部分列出单个经济体的关键 GEM 指标排名。具体而言：①调查对象的细分：其一，地理区域划分：撒哈拉以南的非洲地区（Sub-Saharan Africa）、中东和北非地区（the Middle East and North Africa）、拉丁美洲和加勒比地区（Latin America and the Caribbean）、亚太/南亚地区（Asia Pacific/South Asia）、欧洲地区（Europe）、北美地区（North American）。其二，经济体划分：世界经济论坛的《全球竞争力报告》根据人均 GDP 以及初级产品占出口份额的情况，把经济体分为 3 个层次：要素驱动型经济体（Factor-Driven Economies）、效率驱动型经济体（Efficiency-Driven Economies）和创新驱动型经济体（Innovation-Driven Economies）。②对于创业活动的衡量：创业的社会价值、创业自我感知、创业活动的阶段/类型、早期阶段创业活动的动机、早期创业活动中的性别和年龄分布、创业行业分布以及创业活动的结果（工作创造、创新和国际化）。③对于创业环境的衡量，主要包括 11 个要素，即创业融资、政府政策、税收和行政体制、政府程序、创业教育和培训、研发转化、商业和法律基础、内部市场动态性、基础设施条件、文化和社会规范。

总结起来，GEM 的调查实施具有如下特点：①全球参与。参与经济体的数量不断增加，而且仍在持续。②资金多元。GEM 会寻求多样化的资金资助，其中各国调查都有许可机构承担，资金来源于许可机构及其赞助商。定位为公益性项目，并不涉足商业活动。③问卷调查。采用问卷调查方式，其中注意数据指标与专家评估结合。国家层面的环境评价采取专家评估方式。定性与定量结合。如个人动机、幸福感等指标的加入。④成果共享。数据在官方网站全公开，欢迎各界人士使用和分析。

1.2.3 GEM 年度报告的主要发现

1999 年 GEM 第一次发布报告，只有 10 个国家参与，数据来源是 1 万多成人问卷调查和 300 多位创业领域的专家访谈。主要内容是介绍 GEM 的概念模型，并与传统的经济模型进行对比和整合。通过数据分析回答 3 个方面的问题：①国家间的创业活动水平是否存在差异？差异的程度是多大？②一个国家创业活动的水平是否影响其经济增长和繁荣的比率？③创业活动差异的原因是什么？这也成为后续研究的基本框架。这次调查数据的结果表明，不同国家间的创业活动水平确实存在很大的差异，而且其差异与经济发展的水平显著相关。政府不能忽视创业带来的经济增长，政府也做出了许多支持创业的承诺政策，但是这些支持性的措施却由于政府对创业活动的不了解而搁置。GEM 全球报告的年度内容主要发现如下①。

2000 年 GEM 共 21 个国家参加，增加了 11 个国家（Argentina，Australia，Belgium，Brazil，India，Ireland，South Korea，Norway，Singapore，Spain and Sweden）。超过 4.2 万成人和接近 800 位专家参加了调查。报告主要结论有：创业活动在不同国家之间有很大差异，其与经济增长有着密切的关系；多数创业公司是由男性开创，且集中在 25—34 岁；财务支持与创业活动的水平密切相关；教育在创业活动中扮演重要的角色。本期报告的主要创新点在于 2000 年加入了一个新的调查主题，测度风险投资在每个国家中承担的角色，创业与资本的关系得到重视，可能与金融助推互联网经济发展浪潮的背景存在一定关联性。

2001 年 GEM 已有 29 个国家参与，每个国家至少 2 000 个成人随机抽样调查，共计 950 多位专家的深度访谈。基于已有的标准化问卷，并将被广泛采用的国家层面的相关统计数据（如世界银行、国际货币基金组

---

① BABSON COLLEGE et，al. Global Entrepreneurship Monitor Executive Report [R]. 1999-2016.

织、联合国等）纳入评价标准。相比1999年和2000年，2001年提出了许多政策建议，明确区分了机会型和生存型创业（Opportunity and Necessity），并利用GEM数据探索了国家的研究和技术开发（研发）和创业活动的关系。与当时的国家创新系统理论一致的观点是强调研发创新过程的交互性，并将国家研发指标分为3类：输入、处理和输出。输入指标包含了基础研究和应用研究的多样的资源和信息；处理指标指在国家创新体系中不同机构之间的交互作用；输出指标描述了创新过程的结果。该次调查反映出从宏观层面对国家创新创业系统的关注。

2002年GEM包含37个国家，值得一提的是，中国从该年开始加入全球创业观察项目，使该项目覆盖超过3/5（62%）的世界人口和92%的国内生产总值（GEM，2002）。2002年跟踪了随着时间的推移所产生的创业活动的变化，扩展了以前的GEM分析结果，更深入研究创业行为的动机和结果。此外，它引入了3个特别的创业话题：女性的创业参与模式、财政支持和家族企业的兴起。对于行为动机和女性创业者的关注是本次调查的特点，调查数据表明不同国家女性创业者活动存在明显差异，特别是不同文化间的差异更大。

2003年GEM报告与2002年相比，更加关注创业活动的变化，扩大对创业环境的理解，增加了对某些创业环境条件的背景分析。例如，对于金融条件、政府政策、政府项目、有形基础设施、创业教育等方面进行了历史性总结，从比较的角度阐述了中国创业态势、特性、环境的变化，给出了认识创业的纵向纬度，揭示了创业活动的变化趋势。报告中使用的全员创业活动指数、生存型创业和机会型创业、创业环境条件框架等概念也得到了广泛使用。总体而言，这一年创业观察项目在方法层面对创业环境的测度做出了很多新的尝试和努力。

2004年对参加GEM的32个经济体的调查表明，整体上青年创业比例是比较高的，但是国家间的差异较大（从1.5%到40%）。该年创业调查的一个核心发现是代表创业活跃水平的指数（Total Early-stage Entrepreneurial Activity，TEA）与GDP之间的关系并不是正向关系，而是“倒U”型关系，这表明经济水平过高和过低的国家，创业活动指数都不是很高。可见，TEA存在明显的门槛效应，这对发达经济体的创业政策制定尤其具有重要启示，不能简单认为经济增长和创业之间是正向线性关系。经济发展水平高了，创业活动自然会增加，而是需要制定相应的制度支持。

2005 年 GEM 报告的主要创新是在创业活动上做了阶段划分。区分早期阶段创业者和已经成立的公司创业者，进而分析不同阶段创业率及其特征在国家间的差异。结果表明，不同国家间确实存在显著差异，报告进一步分析了造成这种差异的可能原因，主要在于文化和政策等方面及其对个体行为动机的影响，初步建立了一个从宏观层面到微观层面对创业活动阶段差异解释的多层次分析框架。

2006 年 GEM 报告发现，政府在鼓励创业活动方面的作用很重要，这种作用会因为国家收入水平差异而不同。创业的制度环境，如政治、法律和文化直接影响他们的活动过程，乃至于国家的经济发展。因此，制度体系的建立有利于创业活动，如产权、货币稳定、尊重和执行规则的法律、法律和金融透明度、市场开放和公平的竞争环境是世界各地政府的基本责任。除了这些一般原则，GEM 提供的创业研究证实创业有多种形式，不同创业形式没有统一的创业政策。

2007 年 GEM 报告对于早期阶段的创业活动给予了特别关注，因为早期阶段的创业活动率对经济发展的长远影响更大，从“0”到“1”的新创产业数量比已有企业的后续发展更重要。与此同时，由于早期阶段创业受国家经济发展水平和政策扶植的影响较小，从而更能从本源上体现国家间创业活动的差异，对其开展研究意义重大。本次调查的数据表明，不同国家间早期阶段的创业活动有显著的不同，这种创业活动与经济发展水平存在明显关联。低收入国家早期创业率并不低，高收入国家反而存在早期创业率低的现象，报告呼吁对国家间因素影响差异的进一步探究。

2008 年 GEM 报告特别分析了创业教育与培训在创业活动中的作用。调查结果表明，在大多数国家创业教育和培训是不足的，这也印证了选择创业教育和培训作为一种特殊的 GEM 主题的原因。通过问卷和访谈的形式调查了每个国家创业教育与培训的情况，进一步分析发现很多发达国家在早期创业率并不高的情况下，却实现高创业表现的原因就在于能够提供涵盖创业全过程的创业培训，同时通过创业教育政策支撑整个创业体系的发展。

2009 年 GEM 报告在金融危机背景下，重点关注了全球的经济低迷对于创业的影响。调查数据结果表明，2009 年大多数 GEM 国家的创业活动下降，然而大约三分之一的国家的活动却增加了。其原因可能在于，一些更发达国家的一些潜在企业家认为，经济衰退增加他们创业的机会。报告还分析了经济衰退对于创业资金支持的影响。最后，报告还特别分析了“社会创业”(SEA)，创业活动不能仅仅关注商业逻辑，承担更多社会责任，并且增进两者之间的良性互动，应当是 GEM 调查关注目的所在。

2010 年 GEM 报告基于全球 59 个经济体不同的发展层次和地域特点，对 2010 年全球的创业活动与趋势做出了细致分析，在世界范围内完成了 12 个有关创业态度、活动以及个人期望的年度调查。本年度调查在 2010 年 6—7 月间进行。此时，世界仍在努力摆脱 2008—2009 年开始出现的经济衰退，而很多国家未来的经济稳定性还是个未知数。经济衰退长期影响的最明显表现在于，发达国家的 GDP 持续下滑或停止增长。与此同时，新的增长引擎开始在一些发展中国家生根萌芽，尤其是亚洲和非洲的发展中国家。当一些经济体已经从这次危机中脱颖而出时，别的经济体却还深陷高失业率、消费疲软和失控的债务泥潭之中。

2011 年 GEM 报告认为在不同发展水平的经济体间乃至同一种经济体内，创业呈现出各自的显著特征，例如早期创业活跃度、男女性创业比例、创业企业的主要业务领域、国际化程度等。创业者并非只是运营自己企业的人士，还包括创业型员工(创新型员工)。他们遍布于各种企业/机构，他们依靠自己的聪明才智和创新精神推出新产品和服务，推动企业/机构的发展。因此，在组织中建立鼓励创新和创业的文化显得非常重要。报告关注创业对社会的积极影响，以及鼓励创业的社会环境的重要性，就如何创造良好的创业环境提出了政策建议。

2012 年 GEM 报告强调全球创业的多面性和动态性。虽然相同地理区域和同一经济发展水平的经济体存在一些共性，但每个经济体的创业者各有特点。随着制度环境的改善以及政治经济环境的转变，这些特点很容易发展变化。另外，本年度报告还有一个特别的关注主题——移民创业。移民创业者对移民国以及来源国的经济增长和全球竞争力都可以做出重要贡献。GEM 的研究结果表明，在所有发展水平的经济体中，移民创业者都有更高的增长期望。此外，在效率驱动和创新驱动经济体中，他们更倾向于将商品出售给国际客户。因此，移民创业者可以创造就业机会，提高全球竞争力以及影响资源、信息和技术的转移。移民接收国的决策者应该认识到移民在创造就业机会和促进商业环境国际化方面的价值，而移民来源国经济体则应该尽力建立和增进与移民的联系。

2013 年 GEM 报告特别关注了创业与幸福感的关系。不同的经济发展阶段，创业者应对环境、感知机会、对创业的恐惧和对失败的担忧，都会有差异。而创业活动受经济、政治、文化、体制等差异影响，体现出不同经济发展阶段和不同经济体中的差异。本年度报告尤其突出了创业与就业岗位增加的关系，认为单纯用创业企业数量或创业活动来预测经济绩效，还远远不够。创业框架条件的分析结果表明，支持创业的物理设施基础和商业法律基础评价是积极的，但教育培训与影响新企业创建的规章条例评价却是负面的。

2014 年 GEM 报告提出了社会价值观的概念，强调了这一要素对创业活动的影响，尤其是创业教育对创业文化培育的重要作用。报告认为，社会价值观会影响个体的创业行为，而创业教育对于创业文化的培育至关重要。同时，提出了创业生态系统概念，即对创业框架条件的再定义，将创业框架条件合并为创业生态系统，开始试图从生态学的角度理解创业现象。报告认为，创业生态系统为新公司的诞生和成长提供了必要的养分、激励要素、市场以及制度支持。在 2014 年，除了以往已有的标准调查外，GEM 还开展了针对撒哈拉以南非洲地区（安哥拉、博茨瓦纳、加纳、马拉维、纳米比亚、尼日利亚、南非、乌干达和赞比亚）的青年创业研究。

2015—2016 年 GEM 报告为学者、教育工作者、政策制定者和实践者们提供世界范围内关于创业本质的多维特征。通过诠释全球范围内的创业多样性，揭示了政策与实践之间存在的差距，并提出了一些较为广泛的建议，主要包括政策改革、创新刺激、教育系统内的创业融入、草根创业群体的干预帮助、信息通信技术的更新、提供有目的性的需求型创业模式、改善中小微企业融资机制等。报告开始关注各经济体创业者的行业分布，这对于经济发展水平差异巨大的各经济体来说，具有更为现实的研究价值和指导意义。对创业框架条件，即创业环境的评价与政策建议进行了扩展，增加了对“草根创业群体的干预帮助”“信息通信技术的更新”等分析，关注新兴创业现象。

总体而言，全球创业观察项目可以分为 3 个阶段：第一阶段（1999—

2003 年)，重在细化框架，拓展调查区域。从 3 个基本问题出发(国家间创业活动是否存在差异，差异对经济发展是否有影响，差异的来源是什么)，细化创业观察的测度指标，不断扩大调查区域。随着 2002 年中国的加入，GEM 真正成为一个具有全球覆盖面的调查项目。这个阶段，重在证实创业活动存在差异及其与经济发展水平之间的关系。第二阶段(2004—2009 年)，重在细化维度，分析内在机制。随着原始调查数据的不断积累，GEM 在调查层面向两个方向延伸：一是在测量维度上，对创业活动、创业前沿和创业政策不断进行细化，区分不同行业、性别的创业活动，分析不同类型的创业政策；二是在数据支撑的基础上，开始关注趋势性分析。通过这些调查的细化，研究报告的深度也在拓展，对创业活动、创业前因和创业政策之间的交互关系不断有新的发现。第三阶段(2010 年至今)，紧跟实践，关注新兴创业现象。随着创业调查方法和体系的完善，创业调查服务实体经济发展的功能得到日益重视。随着创新创业成为全球各界关注的热点，创业调查项目也开始对实践中涌现的新兴创业现象开展调查，如社会创业、移民创业、草根创业、非洲地区的青年创业、信息技术发展与创业等主题。综上可见，全球创业观察的影响力来自其年度主题与时俱进，核心内容连续跟踪，方法体系日臻完善。

1.3 项目组织实施

浙江创业观察的组织实施，基本参照全球创业观察的做法。调查包括两个部分：第一，18—64 周岁的成人随机抽样调查，这是对创业情况的总体调查；第二，专家调查，这是对创业环境的调查。

1.3.1 成人随机抽样调查情况

经过规范程序的操作，本项目最终委托上海零点市场调查有限公司开展成人随机抽样调查与数据收集工作。为保证调查数据质量，本项目采用入户访问的方式执行。入户访问指被访问者在家中单独接受访问员问卷调查的一种调查方式，访问员按抽样方案的要求，到抽中的家庭中，按照事先规定的方法，选取适当的被访者，通过读录法进行面对面的访问。该方法会保证访问在较为舒适、安全、不受自然干扰的环境中开展，通常一旦访问开始，受访者都会较有耐心地完成访问，很少发生中途拒绝或不予配合的情况。但随着近 10 年来中国社会发展，贫富差距不断拉大，民众安全感下降，不愿接受不速之客来访，特别是针对大城市的居民进行入户访问时，访问员需要接触很多样本才能找到一个合格并愿意接受访问的样本，因此入户访问的拒访率相对较高，且随机性有所下降。

GEM 项目每一年度内要求国家层面至少完成 2 000 个成人样本的随机抽样调查，而浙江创业观察作为研究特定范围内的区域创业调查项目，共得到样本 1 945 份①，调查抽样率已超过 GEM 要求。具体样本数量及地区分布如表 1-2、1-3 所示②。

表 1-2 浙江省 11 个市样本量

地市名称	计划完成样本量	实际完成有效样本量
杭州市	267	277
宁波市	218	247
温州市	305	331
嘉兴市	127	139
湖州市	98	116
绍兴市	163	163
金华市	175	180
台州市	218	234
丽水市	98	115
衢州市	94	96
舟山市	37	47
总计	1 800	1 945

① 根据 GEM 专家的解释，成人调查样本数量的确定并没有严格的数量要求，主要考虑研究经费。本项目样本量初始设计为 1 800 个。上海零点市场调查有限公司在项目执行过程中，在控制男女比例和各类群体样本量的前提下，按照 10%的比例扩大样本访问量，最终有效样本量为 1 945 个。

② 各个市、市辖区、县级市、县的样本量是由省级层面的总体样本抽样率与各地的 2015 年末常住人口数量的乘积决定。

表 1-3　浙江省各市辖区、县级市、县的样本量

杭州市	样本量	宁波市	样本量	温州市	样本量
上城区	13	海曙区	13	鹿城区	28
下城区	15	江东区	14	龙湾区	14
江干区	19	江北区	11	瓯海区	20
拱墅区	15	北仑区	17	洞头县	7
西湖区	26	镇海区	11	永嘉县	40
滨江区	8	鄞州区	36	平阳县	36
萧山区	46	象山县	22	苍南县	54
余杭区	35	宁海县	24	文成县	16
富阳区	25	余姚市	36	泰顺县	15
桐庐县	16	慈溪市	44	瑞安市	50
淳安县	19	奉化市	19	乐清市	51
建德市	19	合计	247	合计	331
临安市	21				
合计	277				
嘉兴市	样本量	湖州市	样本量	绍兴市	样本量
南湖区	20	吴兴区	29	越城区	27
秀洲区	14	南浔区	19	柯桥区	24
嘉善县	16	德清县	18	上虞区	29
海盐县	15	长兴县	32	新昌县	16
海宁市	27	安吉县	18	诸暨市	40
平湖市	19	合计	116	嵊州市	27
桐乡市	28			合计	163
合计	139				
婺城区	24	椒江区	22	莲都区	16
金东区	12	黄岩区	24	青田县	22
武义县	13	路桥区	18	缙云县	17
浦江县	15	玉环县	19	遂昌县	12

续　表

金华市	样本量	台州市	样本量	丽水市	样本量
磐安县	9	三门县	18	松阳县	11
兰溪市	25	天台县	22	云和县	6
义乌市	29	仙居县	20	庆元县	11
东阳市	32	温岭市	48	景宁自治县	7
永康市	21	临海市	43	龙泉市	13
合计	180	合计	234	合计	115
衢州市	样本量	舟山市	样本量		
柯城区	16	定海区	17		
衢江区	15	普陀区	15		
常山县	14	岱山县	10		
开化县	13	嵊泗县	5		
龙游县	15	合计	47		
江山市	23				
合计	96				

备注:1.城镇样本与农村样本的比例分配将参考各地的城镇居民与农村居民的户籍人口比例进行设定。

2.男女比例调查样本原则上各占一半,在单数的情况下,男性或者女性可以随机多一个。

1.3.2　专家调查情况

全球创业观察和清华大学中国城市创业观察报告(2007)专家调查法的执行程序,是根据所要调查的各项创业环境内容(一般包括金融支持、政府政策、政府项目、教育培训、研发转移、商务环境、基础设施、市场开放和文化规范等 9 个方面因素),每个方面调查 4—6 位来自政产学研的专家,最后以算术平均值作为各项创业环境得分。本项目基本参照这个方法,但是在专家选择时,仅针对新创企业的创业者。主要原因是:新创企业的创业者是创业环境的核心参与主体,其对创业环境的感知与评价最具说服力;新创企业既是全球创业观察的主要调查对象,也是创业研究的关键主体之一;研究资源与时间受限,难以在约定时间内调查浙江省 11 个市且来源于政产学研的多类别专家。最终共发放问卷 850 份,回收

599份，剔除无效问卷，有效问卷530份。具体如表1-4所示。

表1-4 浙江省11个市的专家调查样本

城市	样本量	剔除样本	有效样本	有效样本比例(%)
杭州	117	29	88	16.6
宁波	75	7	68	12.8
嘉兴	39	2	37	7.0
湖州	37	0	37	7.0
绍兴	48	4	44	8.3
舟山	56	11	45	8.5
温州	55	1	54	10.2
金华	40	3	37	7.0
衢州	36	0	36	6.8
台州	54	12	42	7.9
丽水	42	0	42	7.9
合计	599	69	530	100

1.4 本书内容框架

本书内容共包括10章，由项目组成员各自分工完成。各章主要内容如下。

第1章是绪论，介绍浙江创业观察项目的启动背景、参考框架和实施情况。

第2章是浙江创业活动的总体状况。本章基于1 945个成人随机抽样调查有效样本，从创业者比例、创业氛围以及创业潜力这3个方面展现浙江省创业活动总体状况。

第3章是浙江创业类型及其相关分析。本章是在第2章基础上，厘清创业主体，揭示创业动机并据此划分创业类型，还进一步从创业者与创业阶段角度细分创业动机，具体包括性别与创业动机的交叉分析、年龄与创业动机的交叉分析、学历与创业动机的交叉分析，以及创业阶段与创业动机的交叉分析。

第 4 章是浙江创业机会与创业能力。本章基于 530 个专家调查样本，分析了浙江省 11 个市在创业机会和创业能力上的表现，同时，鉴于女性创业作为近年来体现创业机会与创业能力的重要群体，本章也深入探讨了浙江女性创业群体的创业特征和创业行为。

第 5 章是浙江创业中的创新分析。本章分析了浙江创业者的创新意向、创新能力与创新活动。此外，由于信息系统使用是一种典型的创新活动，本章将深入分析创业者在创业过程中对信息系统的使用意向、使用行为及使用绩效。

第 6 章是浙江创业中的社会网络。创业者社会网络对于公司资源的获取和利用具有重要意义，所以本章分析浙江创业中的社会网络情况，包括内部社会网络与外部社会网络。

第 7 章是浙江创业失败。创业失败是创业实践中的普遍现象，研究创业失败既是对创业者的关怀与尊重，也有利于提高创业成功率。国内外创业学界也开始关注创业失败主题。本章对浙江已有创业者、潜在创业者和中止创业者的创业失败状况加以总体描述，并针对经历过创业失败的已有创业者，还分析了创业失败与再创业的时间间隔、再创业原因、从失败中所学知识的应用，以及新创企业的产品创新性、竞争性、技术领先性、成长性和创业类型。

第 8 章是浙江创业文化。本章对浙江创业文化进行了调查和分析，并将其与全国创业文化进行了比较，揭示浙江和全国创业文化的明显差距。

第 9 章是浙江创业环境。本章界定了创业环境的维度和 16 个评价要素，设计了指标体系，基于对浙江省 11 个市的 530 个专家调查样本的数据统计，呈现了 11 个市在创业环境方面的具体表现。并通过比较分析，对优化浙江创业环境提出政策建议。

第 10 章是浙江区域创业水平。本章对浙江区域创业水平进行了测算和影响因素分析。通过计算浙江 11 个市的创业水平指标——CPEA，发现区域创业存在的显著差异。以创业率为创业水平的衡量指标，利用面板数据模型从产业结构、市场需求、人力资本、技术发展、创业文化、私人财富 6 个方面分析了区域创业水平差异的影响因素，并提出了提升区域创业水平的对策建议。

这 10 章的逻辑关系是：第 1 章是总领；第 2—7 是微观层面分析，其中第 2—4 章是创业状态，第 5—7 章是创业行为；第 8—10 章是中观与宏观层面分析。这种安排充分体现了浙江创业观察的跨层次研究特性。如图 1-2 所示本书内容框架。

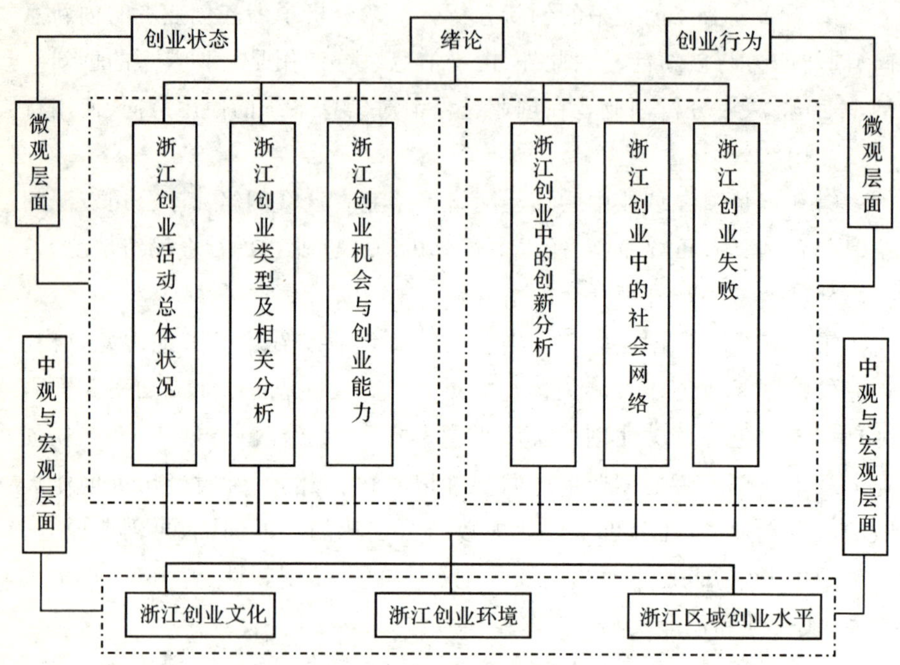

图 1-2 本书内容框架

参考文献

[1] BABSON COLLEGE, et al. Global Entrepreneurship Monitor Executive Report[R]. 1999-2016.

[2] SARFARAZ L, FAGHIH N. Women's entrepreneurship in Iran: A GEM based-data evidence[J]. Journal of Global Entrepreneurship Research, 2011, 1(1): 45-57.

[3] WONG P K, HO Y P, AUTIO E. Entrepreneurship, innovation and economic growth: Evidence from GEM data[J]. Small Business

Economics，2005，24(3)：335-350.

[4] 蔡莉，崔启国，史琳. 创业环境研究框架[J]. 吉林大学社会科学学报，2007(1)：50-56.

[5] 陈立旭. 区域工商文化传统与当代经济发展[J]. 浙江社会科学，2005(3)：3-12.

[6] 陈立旭. 区域精神与文化传统的关系审视——当代讲求实效精神与浙东事功学关系再分析[J]. 浙江社会科学，2011(1)：113-121.

[7] 陈立旭. 家族文化与浙江企业组织[J]. 中共杭州市委党校学报，2001(2)：12-19.

[8] 陈立旭. 信任模式、关系网络与当代经济行为——基于浙江区域文化传统研究[J]. 浙江社会科学，2007(4)：54-59.

[9] 陈泽环. 德国企业先驱的伦理观——兼论浙江企业家和西方新教伦理精神[J]. 中共宁波市委党校学报，2004(5)：36-39.

[10] 陈婷婷. 江苏、浙江创业环境比较及优化策略[J]. 特区经济，2012(12)：46-48.

[11] 池仁勇，张宓之. 浙台中小企业发展与创业环境比较分析[J]. 台湾研究，2012(5)：36-40.

[12] 代吉林，李新春，朱仁宏. 家族资源支持类型与家族创业：基于家族义务与创业者素质视角——兼对家族社会资本研究的一个补充[J]. 商业经济与管理，2013(6)：5-14.

[13] 高建，颜振军，秦兰，等. 中国城市创业观察报告[M]. 北京：清华大学出版社，2007.

[14] 郭刚志. 义乌民营企业二次创业驱动因素及战略选择[D]. 金华：浙江师范大学，2012.

[15] 黄烨. 浙江民营企业二次创业研究[D]. 北京：首都经济贸易大学，2006.

[16] 兰建平，苗文斌. 着力扶持创新型创业发展——从创新型创业的内涵与特征谈起[J]. 浙江经济，2007(17)：26-27.

[17] 李慧清. 百森商学院创业教育课程体系解构与启示——基于全球创业观察的理论框架[J]. 创新与创业教育，2015(6)：39-43.

[18] 李军. 从国家层面支持浙江民营经济创业创新[J]. 浙江经济，2009

(13):26-27.

[19] 李晓旭，谷慧敏. 基于 GEM 的北京市创业环境分析及政策建议[J]. 科学决策，2008(11)：34-37.

[20] 李新春，韩剑，李炜文. 传承还是另创领地？——家族企业二代继承的权威合法性建构[J]. 管理世界，2015(6):110-124.

[21] 林吕建，唐玉. 论当代浙商精神的科学内涵[J]. 浙江社会科学，2011(8):61-67.

[22] 林雄. 陈亮事功思想与浙商精神的重塑研究[D]. 重庆:西南政法大学，2011.

[23] 刘洋. 社会关系网络转型与家族企业成长研究[D]. 厦门:厦门大学，2008.

[24] 罗卫东. 企业家创新精神与浙江经济发展[J]. 浙江社会科学，2000(2):14-16.

[25] 吕福新."浙商"从模仿创业到自主创新——两类企业家的定义与实践[J]. 经济管理，2008(19):49-54.

[26] 吕宏芬，郭元源. 创业支持:杭甬温三地比较[J]. 浙江经济，2009(21):45.

[27] 缪仁炳. 浙商创业特点、文化渊源与超越演进[J]. 商业经济与管理，2006(10):13-16.

[28] 潘安成. 家族性、社会认知与家族创业行为[J]. 南开管理评论，2011,14(3):91-100.

[29] 潘剑英，王重鸣. 创业指数研究述评与展望[J]. 管理现代化，2014(2)：123-125.

[30] 齐玮娜. 创业质量的理论与实证研究——基于区域经济的视角[D]. 广州:暨南大学，2015.

[31] 邱琼，高建. 创业与经济增长关系研究动态综述[J]. 外国经济与管理，2004(1)：8-11.

[32] 宋炳坚. 创业:浙江发展的活力所在——浙江人创业情况比较研究[J]. 浙江经济，2005(24):42-44.

[33] 汪彩君，金广荣. 转型期浙江中小企业的再次创业[J]. 浙江经济，2009(12):30-31.

[34] 汪岩桥，陈海红. 浙江文化和浙江企业家精神[J]. 中共浙江省党委学报，2008(6)：106-111.

[35] 王永昌. 用创新创业带动新就业——谈谈新常态下的创新创业[J]. 浙江经济，2015(4)：9-11.

[36] 吴翰洋. 产业集群与企业家的互动发展：以嵊州领带集群为例[J]. 中小企业科技，2007(7)：71-73.

[37] 吴炯，李保杰. 家族企业接班者的政治关联、人力资本与跨代创业行为[J]. 管理学报，2015，12(11)：1638-1645.

[38] 吴颖奇. 基于民营企业视角的苏商文化与浙商文化比较及应用研究[D]. 苏州：苏州大学，2011.

[39] 向荣. 浙商反哺浙江：现状、理性认识与引导政策建议[J]. 商业经济与管理，2007(1)：14-18.

[40] 邢欢. 温州中小企业"二次创业"的民间融资问题研究[J]. 商业会计，2013(3)：74-76.

[41] 薛国琴. 传统文化与越商企业家精神特质——基于与晋商、徽商比较的视角[J]. 浙江社会科学，2011(3)：129-134.

[42] 徐建平，王重鸣. 创业精神的区域文化特征：基于浙江的实证研究[J]. 科学学与科学技术管理，2008(12)：141-145.

[43] 张钢，崔凯峰. 地区创业水平：对我国 31 个地区的评价研究[J]. 科技管理研究，2009(10)：131-134.

[44] 张建君. 政府权力、精英关系和乡镇企业改制——比较苏南和温州的不同实践[J]. 社会学研究，2005(5)：92-124.

[45] 张一力，陈翊，倪婧. 网络与集群：温州企业家群体形成的机制分析[J]. 浙江社会科学，2012(1)：118-124.

[46] 朱建安，陈凌. 传统文化、制度转型与家族企业成长[J]. 管理世界，2015(6)：164-167.

[47] 卓勇良. 再续创业大省传奇[J]. 浙江经济，2015(8)：16.

第 2 章 浙江创业活动的总体状况

本章根据成人随机抽样调查所获得的 1945 个有效样本，对浙江创业总体活动情况进行分析，具体从创业者比例、创业氛围以及创业潜力 3 个方面展开。为此，首先进行文献回顾，在此基础上分析浙江省的总体创业情况及在浙江省 11 个市的区域分布，最后就研究结论进行总结，并对此进行讨论。

2.1 文献综述

浙江地处中国东南沿海长江三角洲南翼，自改革开放以来，经济迅速发展，GDP 总值飞速上升，经济位次不断提高，即“浙江现象”。创业活动在推动浙江社会经济发展的过程中发挥着重要的作用，它一方面能够促进经济的增长，另一方面也是创造就业岗位的强大引擎，是解决就业问题最有效的途径之一(卢丽娜，2013)。

浙江的经济发展一直是以民间主体作为创业创新的主要推动力量，特别是温州、台州一带，以及杭州、嘉兴、湖州和宁波、绍兴，这些地区的个体经济和私营经济的迅猛发展，使浙江省从改革开放初期的经济小省一跃成为经济大省与强省。因此，创业活动的研究对推动浙江省可持续发展意义重大。

2.1.1 区域创业活跃度及其与经济增长的关系

创业活跃度是指在区域范围内创业活动开展程度以及激发创业活动开展的活跃因素的指标，涵盖企业的开业率和闭业率的数量指标和创业的文化氛围、经济基础、人才活力、资本活力、企业活力等反映创业活跃度的因素(高建 等，2008)。创业活跃度与一个区域的经济增长有着重要的关联，它是一个地区经济增长的晴雨表(赵英 等，2015)。在创业活跃度与经济增长的理论研究方面，GEM 报告认为，不断产生的创业活动或新企业给经济增长带来了持续的活力(高建 等，2008)。Wennekers 和 Thurik(1999)提出了联系创业与经济增长的框架模型，该模型认为创业活动通过提高竞争、创新和实践水平，进而提高生产力，促进经济增长。Martin 等(2010)提出的创业与经济增长关系模型更为完善，该模型认为创业活动与经济增长之间存在着循环关系。创业活动通过创业投资、创业者示范作用和创造新机会等途径影响经济增长。同时，经济增长通过改变文化和社会环境，改变人的消费倾向，也会通过促进技术创新和进步，提高个人知识和人力资本，进而影响创业活动。

在创业与经济增长的实证研究中，Shane(1996)对美国 1899—1988 年的历史数据进行分析，认为创业率的变化符合熊彼特模型，主要受技术变化影响，与此同时，经济增长、人口等多种因素也会对创业率产生影响。当经济状况不佳时，人们不容易找到工作，更倾向于从事创业活动，即创业活动与经济增长之间存在负相关关系。Carree(2002)和 Wennekers 等(2005)对经济合作与发展组织(OECD)成员国的实证研究发现，创业与经济增长之间存在“U”型关系。Virgill(2009)基于世界银行数据库 2003—2005 年的国家数据研究显示，初创企业率与经济增长有正向的线性关系。Acs，Szerb(2008)通过对 2003—2006 年 54 个发展中和发达国家的研究发现，创业和经济增长的关系是类似“S”型的正相关关系。Martin 等(2010)以 2000—2006 年的 TEA 指数为样本，证明创业与经济增长之间存在着循环关系。在中国，翟庆华等(2012)以 1990—2005 年作为研究样本期，实证证明创业活跃度与经济增长之间存在着互为因果的双螺旋关系。总之，虽然已有研究并未就创业活动与经济增长之间关系得出一致的观点，但是两者之间的密切关系却是无可否认的。

2.1.2　衡量区域创业活动活跃度的指标

对于创业活动情况的测量，主要包括以下几个方面(卢丽娜，2013)。

(1)区域创业率

区域创业率是测量区域层面创业活动状况的重要指标，具体包括两种计算方法。一是劳动力市场法，计算公式为：区域创业率＝区域内新创企业数/区域内劳动力人口数(或区域人口数)。二是生态学方法,计算公式为:区域创业率=区域内新企业数/区域内现有企业总数。这两种方法都是从创业企业角度来衡量区域创业活动状况。相比而言,劳动力市场法应用较多,而生态学方法由于忽视了区域内公司规模大小的差异,因而会带来较大的偏差。

(2)全员创业活动指数(TEA)

GEM 建立了全员创业活动指数(TEA),其含义是每 100 名 18—64 岁的成年人中参与创业活动的人数。鉴于初生企业和新企业在创业中的核心作用,2005 年以后的 GEM 报告中所指的 TEA 实质是早期创业活动指数,它由初生创业指数和新企业所有者指数组成。区域全员创业活动指数是从创业者角度衡量区域创业活动活跃度的重要指标。区域全员创业活动指数=区域参与创业活动的成年人数/区域成年人总数,它的最大优点在于其所得数据具备与 GEM 成员组织的可比性。

(3)中国私营企业创业指数

中国私营企业创业指数(CPEA)是 GEM 中国研究小组从创业企业角度出发,观察中国创业活跃程度,即某地区每万人 18—64 岁成年人拥有的过去 3 年累计新增的私营企业数量(高建 等,2008)。CPEA 指数=3 年新增私营企业数量×10 000 /18—64 岁人口数。

(4)区域个体经济创业指数

由于中国个人创业的另一个重要结果就是创办个体经济实体,并且私营企业创业者大多数是由个体工商户转变而来,因而可以用个体经济创业指数作为衡量区域创业活动的补充指标。区域个体经济创业指数=区域 3 年内新增个体户数量/区域成年人数(万人)(刘宗让,2008)。卢丽娜(2013)采用投影寻踪聚类的方法将山西的个体工商业和私营企业的 19 个行业的创业情况分 5 类分别分析。刘宗让(2008)选取私营企业创业指数和个体经济指数两个指标对浙江区域创业活动活跃度分析发现,浙江省私营企业创业指数和个体经济指数仅位居全国第五位,且与上海和北京的差距较大。

总之,对创业活动总体情况的研究已然成为学术界的热点话题,虽然部分研究已取得不错的成果,但是由于研究所用的衡量指标并不统一,不少结论之间的融合还较少,这也在一定程度上限制了研究深入。

2.2　浙江创业者比例

借鉴已有对区域创业总体情况的研究，特别是以 GEM 为代表的创业活跃度的研究成果，本项目主要采用创业者比例指标来测度浙江创业总体发展状况，具体以抽样方法对开展创业的样本占总体样本的比例来测算。从内涵来看，创业者比例指标与 GEM 的各类创业活动指数非常接近。

2.2.1　浙江创业者比例的总体情况

浙江总体创业者比例是指样本中的创业者人数与样本总人数之比。本次问卷发放对象均是年龄为 18—64 岁的成年人，所以浙江创业者比例就是指每 100 名 18—64 岁的成年人中参与创业活动的人数，具体数值如图 2-1 所示。

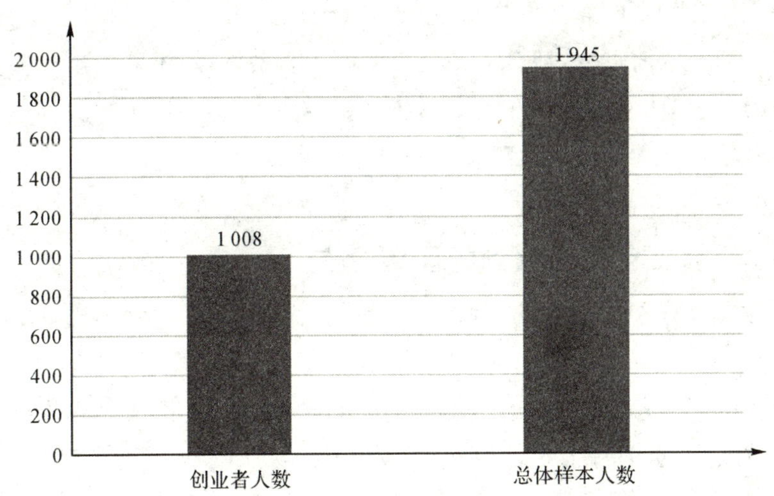

图 2-1　创业者数量与总样本数量

表 2-1　调查问卷（创业者界定）

问　题	内　容
问题 1A1	目前您个人或您与其他人一起是否正在尝试创办自己的企业/生意，包括任何自我雇佣或销售任何产品/服务？

续 表

问 题	内 容
问题 1A2	目前您个人或您与其他人一起是否正在帮助您的雇主筹备一个企业/生意或新投资，这也是您日常工作的一部分？
问题 2A	目前您个人或与其他人一起是否已经拥有一个企业/生意，并且由您负责经营管理，包括自雇或销售任何产品或服务给其他人？

根据问卷调查设计，将问题 1A1 或问题 1A2 或问题 2A 回答为“是”的调查对象视为创业人员。2016 年浙江参与创业人数为 100 800 人，占总样本人数（194 500 人）的 51.8%。这一数据说明，就目前而言，浙江每 100 名 18—64 岁的成年人中参与创业活动的人数约有 52 人，有超过一半的群体参与了创业活动，创业规模相当可观。

创业活动不仅取决于创业者自身的个人禀赋，也与各种经济和文化因素息息相关（李长安，2012）。浙江之所以有如此大的创业规模，存在多方面的原因。首先，浙江经济发展水平较高，创业机会不断增加，较大的经济规模和较高的经济发展水平为民众创业提供了更多的机会。其次，政府对创业空前重视，社会支持创业的氛围日益浓厚，不断推出一些支持创业的新政策。再者，浙江民众创业经验较为丰富，浙商丰富的创业经验也是浙江发展的重要动力源泉之一。

2.2.2 浙江创业者比例的区域分布

通过计算 2016 年浙江 11 个市的创业者比例，得到如图 2-2 所示结果。

各市创业者比例的测量方法是，该市样本中创业者人数与该市样本总人数之比，也即每 100 名 18—64 岁的成年人中参与创业活动的人数。从图 2-2 可以看出，浙江省 11 个市的创业水平存在较大的差距，舟山、金华、衢州和丽水创业水平居于前列，其次是绍兴、台州，之后为杭州、温州，而宁波、湖州和嘉兴的创业水平则处于较低的一个状态。

2.2.3 浙江初生创业者比例与新企业创业者比例

在创业者比例分析的基础上，借鉴 GEM 的标准，进一步分析浙江的

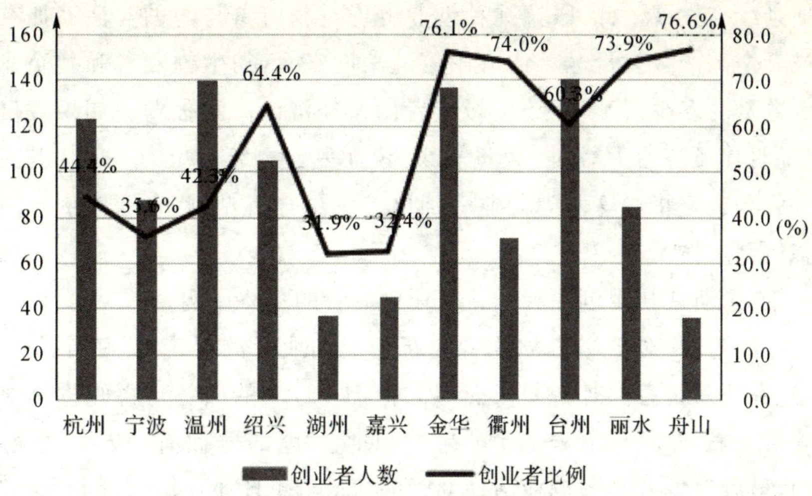

图 2-2　浙江创业者比例的区域分布

初生创业者比例和新企业创业者比例,分类标准如表 2-2 所示,表 2-2 也反映了创业者所处的各个创业阶段。

表 2-2　3 类创业者的衡量指标

衡量指标	定　义
初生创业者比例	18—64 岁人口中目前初生创业者的人数所占比例,这些人参与到其拥有或者共同拥有的企业运营,运营时间少于 3 个月
新企业创业者比例	18—64 岁人口中目前新企业创业者的人数所占比例,这些人拥有并管理一个正在运营的企业,运营时间多于 3 个月,少于 42 个月
已有企业创业者比例	18—64 岁人口中目前已有企业创业者的人数所占比例,这些人拥有并管理一个正在运营的企业,运营时间多于 42 个月

资料来源:在高建,等:《全球创业观察中国报告(2007)》,清华大学出版社 2008 年版,第 9 页内容基础上修改而成

根据表 2-2,创业者主要分为 3 个类型。第一类是初生创业者,这种类型的创业者开展创业活动的时间少于 3 个月,这类创业者主要关注的不是创业活动的生存和发展问题,而是如何度过这 3 个月初创期的资金筹集等问题。第二类是新企业创业者,是开展创业活动时间超过 3 个月但是少于 42 个月的创业者,这部分创业活动是初生创业活动的延续,这个阶段考虑的问题主要是如何生存下去。第三类是已有企业创业者,其参与创业活动的时间超过 42 个月,这种创业者主要关注创业活动如何更

好地延续与发展。此外，这 3 种创业者均对其所参与的创业活动拥有部分或者全部产权。从区域或者国家的角度来看，初生创业者和新企业创业者数量的多少，代表了该区域或者国家经济活力的强弱。如果数量较多，说明其经济活力较强，数量较少，说明其经济活力较弱，有衰退的迹象，因此，这里将对这两类创业者加以进一步分析，以此来深入剖析浙江省整体创业情况。

第一，浙江初生创业者和新企业创业者的总体比例。

在问卷中，对于初生创业者和新企业创业者的界定，设置了 3 个问题：先判断其是否参加过创业活动（即问题 1A1 的回答），再知悉其对创业项目产权的拥有情况（即问题 1D 回答为"部分拥有"或者"全部拥有"），最后根据其参与创业活动的时间（即问题 1C 的回答）判断其类型。（如表 2-3 所示）经统计，得到如图 2-3 所示的结果。

表 2-3　调查问卷（初生创业者与新企业创业者的界定）

问　题	内　容
问题 1A1	目前您个人或您与其他人一起是否正在尝试创办自己的企业/生意，包括任何自我雇佣或销售任何产品/服务？
问题 1D	对于创办的企业/生意，您个人是将完全拥有还是部分拥有该企业/生意？或者没有所有权？
问题 1C	您参与刚才谈到的创办企业/生意的事情，具体参加了________个月

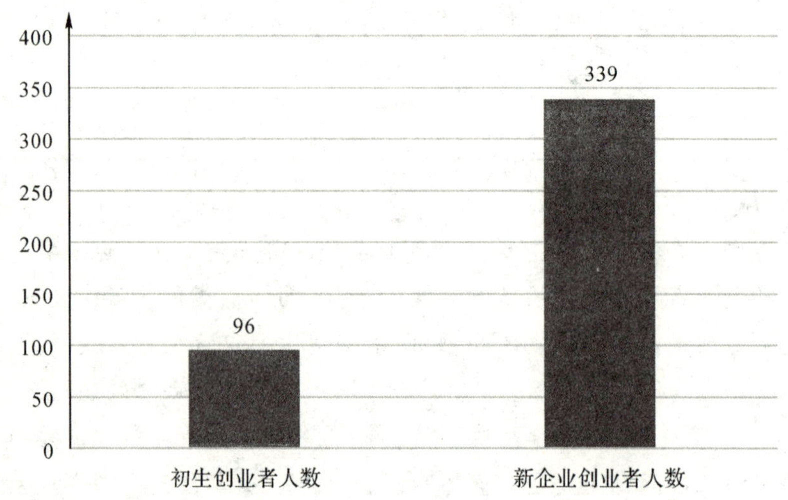

图 2-3　浙江初生创业者与新企业创业者人数

在此基础上，进一步计算浙江初生创业者比例、新企业创业者比例以及由两者合成的早期创业者比例。具体来说，初生创业者比例是指样本中的初生创业者人数与样本总人数之比。本次问卷发放对象均是年龄为18—64 岁的成年人，所以浙江初生创业者比例就是指每 100 名 18—64 岁的成年人中参与初生创业活动的人数。与之类似，新企业创业者比例是指样本中的新企业创业者人数与样本总人数之比；早期创业者比例是指样本中的初生创业者人数之和与新企业创业者人数之和与样本总人数之比。

由图 2-3 可以看到，浙江初生创业者有 96 人，初生创业者比例为4.9%；新企业创业者有 339 人，占比 17.4%；早期创业者人数为 435 人，早期创业者比例为 22.4%[①]。这一数据表明浙江样本中超过五分之一的人为初生创业者和新企业创业者，表明浙江具有很强的经济活力。但是，必须说明的是，本次调查中初生创业者比例小于新企业创业者比例，这可能与当前国内外总体经济形势不乐观有关。

第二，浙江初生创业者与新企业创业者的区域分布与区域比较。

由上文分析可以得出，浙江总体经济活力较强，但是也面临较高的创业失败情况，那么对于浙江省 11 个市而言，初生创业者、新企业创业者的分布以及各市的创业活动分布又是怎样的情况呢？

经数据统计，共得到 96 个初生创业者和 339 个新企业创业者；再按照地区进行划分，具体如图 2-4 所示。

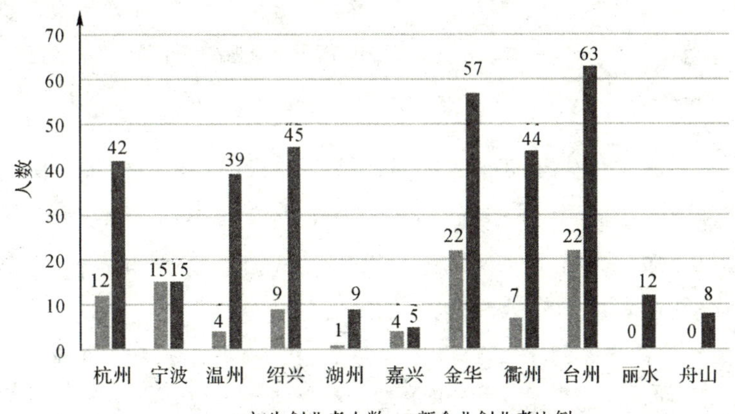

图 2-4　浙江省 11 个市的初生创业者和新企业创业者的人数

---

① 22.4%的早期创业者比例在内涵上大致相当于 GEM 的 TEA(早期创业活动指数)。

基于图 2-4 可知，就初生创业者来看，金华和台州的创业者人数较多，其次为宁波和杭州，舟山和丽水为无；就新企业创业者而言，台州、金华创业者人数较多，之后为绍兴、衢州和杭州，较少的为湖州、舟山和嘉兴。

在此基础上，进一步计算各市的初生创业者比例和新企业创业者比例。测量方法是，该市样本中的初生创业者人数、新企业创业者人数与该市样本总人数之比，也即每 100 名 18—64 岁的成年人中参与初生创业活动与新企业创业活动的人数，得到如图 2-5 所示结果。

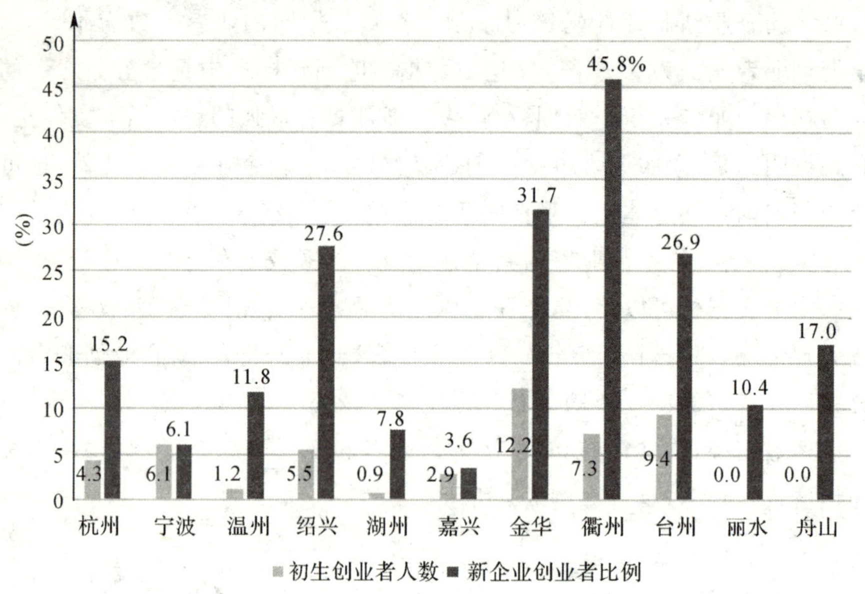

图 2-5 浙江省 11 个市的初生创业者和新企业创业者的比例

从图 2-5 可以看出，浙江初生创业者比例最高的地区是金华市，其次是台州、衢州、宁波、绍兴和杭州，最低的地区是丽水和舟山；而新企业创业者比例在浙江省各市的分布中，衢州最高，金华、绍兴和台州次之，嘉兴的新企业创业者比例最低。

因此，由图 2-4 和图 2-5 可以看出，就初生创业者与新企业创业者的人数与比例而言，金华市和台州市在全省都处于较高水平。

2.3　浙江创业潜力和创业氛围

在创业者比例分析的基础上，以 1 945 个样本为基础，进一步分析浙江民众对创业潜力和创业氛围的主观评价，以此对浙江的整体创业情况做出更为全面的把握。如表 2-4、图 2-6 所示：

表 2-4　调查问卷（创业潜力与创业氛围）

问　题	内　容
问题 I1	您周边认识的人中是否有在过去 2 年内创办了自己的企业/生意？
问题 I2	未来 6 个月内，在您居住的地区是否将会有创办企业/生意的好机会？
问题 I3	您是否具备创办一个新企业/生意所需的知识、技能和经验？
问题 I4	对失败的恐惧，是否会阻碍您尝试创办新企业/生意？
问题 I6	在当地，大部分人都认为创办一个新企业/生意是一项理想的职业选择
问题 I7	在当地，那些成功创办企业/生意的人享有较高的社会地位和声望
问题 I8	在当地，您经常在媒体里看过一些成功创办企业/生意的故事

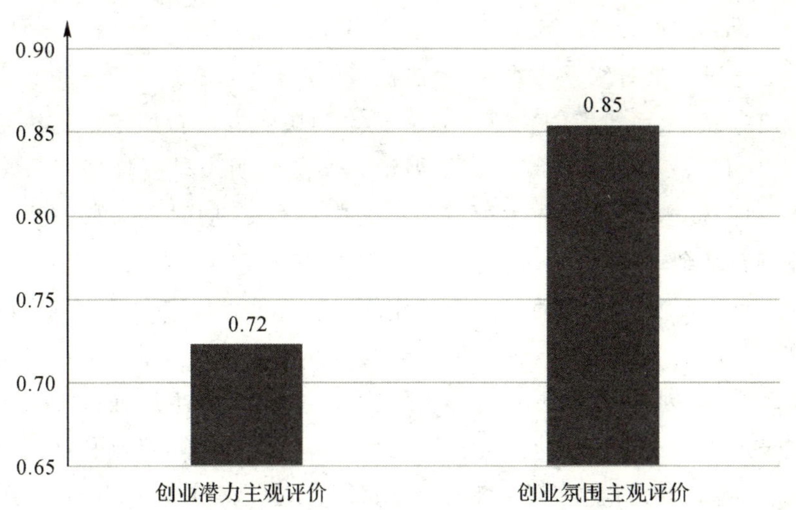

图 2-6　浙江创业潜力与创业氛围的主观评价

2.3.1 浙江创业潜力和创业氛围的总体主观评价

对于 7 个问题的回答，把问题 I4 的数据进行反向处理，即将回答为“是”的赋值为 0，回答为“否”的赋值为 1，其余 6 个问题均将回答为“是”的赋值为 1，回答为“否”的赋值为 0。

对于创业潜力，主要通过 4 个指标进行测量，分别是身边朋友的创业情况、近期有无创业机会、创业所具备的知识技能以及自身对于创业失败的态度。对于创业氛围，主要通过 3 个指标进行测量，分别是对创业的追求、对创业的评价，以及媒体对创业的报道。然后，通过计算测量指标的均值来计算两个变量的取值。

由图 2-6 可知，浙江总体创业潜力评价为 0.72，说明浙江创业前景相当可观；创业氛围评价为 0.85，说明大多数人都能感知到周边创业活动的存在，总体创业水平处于一个较高状态，这种现象的出现与浙江良好的创业环境是息息相关的。

创业环境主要包括宏观经济环境、税收、规则结构和社会政治环境，虽然这些因素大多不为企业家所控制，但却是决定企业成败的关键（Austin，2006）。从 2011 年起，浙江省就开始下发各种相关的创业创新支持政策。例如，2012 年开展的“三位一体”产业技术创新综合试点，依托企业建设一批省级重点企业研究院。2013 年，浙江省委十三届三次全会做出《关于全面实施创新驱动发展战略加快建设创新型省份的决定》。2014 年，印发《科技体制改革与发展工作要点》，明确科技经费跟进金融资本、风险资本，让市场成为配置资源的决定力量，同时扩大科技型中小企业创新基金规模，这一举措受到国务院肯定。2015 年，密集出台《关于加快推进创新驱动发展战略实施工作的通知》《关于加快发展众创空间促进创业创新的实施意见》《公众创业创新服务行动方案》《推广应用创新券推动“大众创业、万众创新”的若干意见》《关于进一步加强技术市场体系建设促进科技成果转化产业化的意见》等一系列政策，推动科技人员和团队、民间资本、创业资本和科技成果相结合，促进科技资源开放共享，构建了具有鲜明特色导向、重大改革引领、坚持法治保障的创新政策体系，消除了创业创新者的后顾之忧。这一系列政策方针都为浙江人民营造了一种良好的创业环境。因此，浙江省总体创业氛围处于一个良好的发展态势。

浙江民众对创业潜力评价为 0.72,表明浙江民众对本地创业潜力的评价较高。这与浙江历来的创业传统相关。与创业氛围评价相比,创业潜力得分相对较低。这可能与浙江目前所处的转型发展阶段有关。面对经济新常态,很多浙江民众虽然看到了众多创业机会,但总体的创业能力存在短板,所以出现了很多转型乏力的案例,这就引发了浙江民众对创业能力的担忧。但是换一个角度来看,较高的创业氛围评价和相对较低的创业能力评价,也意味着浙江民众对未来的创业还有更高期待。

2.3.2　浙江创业潜力和创业氛围的区域评价

在创业潜力评价方面,浙江省各市差距不是很大,大多处于 0.6 到 0.8 之间,舟山除外,只有 0.4,说明其创业潜力在未来一段时间还有待挖掘。此外,创业潜力评价较高的为金华、衢州、嘉兴和台州,杭州、宁波、温州、绍兴、湖州和丽水均处于中等水平。如图 2-7 所示:

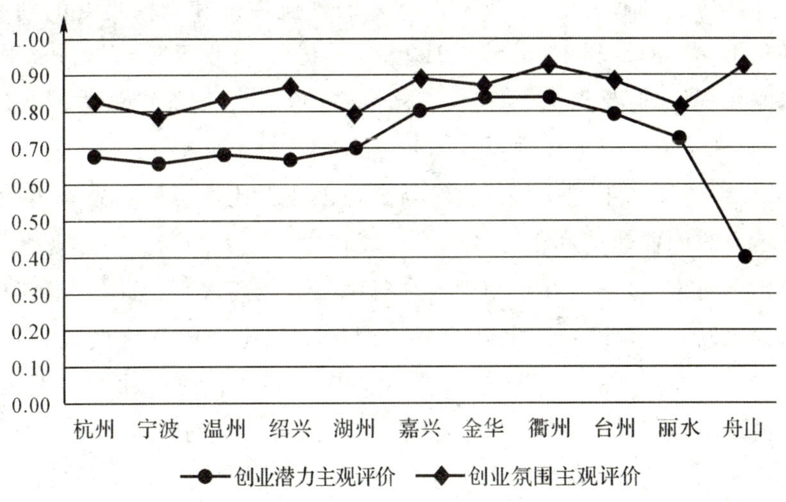

图 2-7　浙江省 11 个市的创业潜力与创业氛围主观评价

在创业氛围评价方面,各地区所感知到的创业氛围的差距也不是很大。相对而言,舟山创业氛围评价最高,较低的为湖州和丽水、宁波,这一差距可能与各市的创业环境有很大关系。此外,舟山的创业氛围评价最高,但是其创业潜力评价却是全省最低,说明其在引导大众进行创新创业的措施上有待加强。最后，浙江省各市创业氛围评价均大于创业潜力评价，这也符合未来发展趋势，因为只有创业氛围大于创业潜力，才更有可能将这部分潜力转换为实际的创业活动。

2.4　结论与讨论

本章对浙江总体创业情况进行了分析。一方面，利用客观数据测量了浙江的各类创业者比例，以此形成对浙江总体创业状况的基本把握；另一方面，运用创业氛围和创业潜力的主观评价方法，对浙江总体创业环境有了基本了解。概而言之，得到以下几个方面的结论，并围绕这些结论进行了初步的讨论。

第一，浙江创业者比例总体分析结果显示，浙江的总体创业情况处于较高的发展水平。浙江总体创业者比例为 51.8％，表明半数以上的浙江民众都参与到创业之中，这与浙江历来的创业传统和当前良好的创业政策息息相关。浙江省 11 个市的创业者比例分布数据显示，舟山、金华、衢州和丽水的创业者比例在 70％—80％之间，远大于浙江总体创业活跃度，说明这 4 个城市的创业活动比较活跃。

第二，浙江初生创业者比例和新企业创业者比例分析结果表明，浙江具有较高的创业热情和创业活跃度。就初生创业者与新企业创业者的人数与比例而言，金华市和台州市在全省都处于较高水平。此外，浙江早期创业者比例为 22.4％（初生创业者比例与新企业创业者比例之和）。这一数据表明浙江省大约五分之一的人为初生和新企业创业者，显示浙江具有很强的经济活力。但是，也必须说明的是，初生创业者比例小于新企业创业者比例，这可能是由于不乐观的国内外总体经济形势使近期内浙江处于创业低潮。

第三，浙江创业氛围和创业潜力评价结果显示，浙江民众感知到良好的创业氛围和创业潜力。浙江总体的创业潜力评价为 0.72，创业氛围评价为 0.85，说明浙江在“大众创业、万众创新”方面营造了良好的创业环境，让民众感知到创业正在如火如荼地开展。根据创业潜力和创业氛围在浙江的总体表现，以及在各市的具体分布数据，可以看出全省及各市创业氛围指数都高于创业潜力。一方面，当创业氛围高于创业潜力时，大众才会有兴趣和勇气参与创业活动；另一方面，相对较低的创业潜力也意味着在创业能力方面还有待进一步提升。这可能与浙江目前所面临的较为严峻的产业与企业转型压力有关。

总之，本章研究表明，浙江具有较高的创业者比例，有力证明了浙江作为创业大省的地位。其中，浙江历来的经商传统以及在数字时代之下浙江的创业热情再迸发，都发挥了重要作用。但也必须指出，浙江相对较低的初生创业者比例，以及相对创业氛围而言较低的创业潜力评价，均表明浙江在创业强省方面的表现并不尽如人意，特别是较为严峻的转型升级压力限制了浙江的创业热情。因此，以下两个方面还有待进一步分析：第一，创业活跃度区域差异的成因分析。本章分析说明，浙江省不同市在创业者比例方面具有较为明显的差异，那么这种差异的成因是什么？与当地的总体经济态势和区域文化是否有关系？如果有关，那么具体的关系又如何？第二，区域创业质量是区域创业水平的重要判断指标，那么对浙江省以及不同市而言，影响区域创业质量的关键因素是什么？只有找对了关键影响因素，才能够制定合理的政策以推动当地的创业质量提升。

参考文献

[1] ACS Z J, DESAI S, HESSELS J. Entrepreneurship, economic development and institutions[J]. Small Business Economics, 2008, 31(3): 219-234.

[2] CARREE M, STEL A V, THURIK R, et al. Economic development and business ownership: an analysis using data of 23 OECD countries in the period 1976—1996[J]. Small Business Economics, 2002, 19(3): 271-90.

[3] MARTIN M A G, PICAZO M T M, NAVARRO J L A. Entrepreneurship, income distribution and economic growth[J]. International Entrepreneurship & Management Journal, 2010, 6(2): 131-141.

[4] SHANE S. Explaining variation in rates of entrepreneurship in the United States: 1899-1988[J]. Journal of Management, 1996, 22(5):

747-781.

[5] WENNEKERS S，THURIK R. Linking entrepreneurship and economic growth[J]. Small Business Economics,1999,13(1):27-55.

[6] WENNEKERS S,WENNEKERS A V,THURIK R,et al. Nascent entrepreneurship and the level of economic development[J]. Papers on Entrepreneurship Growth & Public Policy,2005,24(3):293-309.

[7] VIRGILL N A V. Export processing zones：Tools of development or reform delay? [J]. Dissertations & Theses-Gradworks,2009,14(3):115-124.

[8] 卢丽娜.行业创业活跃度的投影寻踪聚类研究——基于山西省2007—2011年数据的实证分析[J].物流工程与管理,2013,35(12):190-191.

[9] 姜彦福.全球创业观察 2002 中国报告[M].北京:清华大学出版社,2003.

[10] 李晓曼.创业环境的构成对创业活动的影响——以浙江省为例[D].杭州:浙江工业大学,2011.

[11] 刘宗让.区域创业活动活跃度及实证研究[J].经济论坛,2008(2):4-7.

[12] 翟庆华,叶明海,苏靖.创业活跃程度与经济增长的双螺旋模型及实证研究[J].科技进步与对策,2012,29(14):1-5.

[13] 高建,程源,李习保,等.全球创业观察中国报告(2007)[M].北京:清华大学出版社,2008.

[14] 孙裕增.浙江创业活动的特点和趋势[J].浙江经济,2004(3):28-29.

[15] 朱非白.城市创业活力指数研究[D].杭州:浙江工业大学,2009.

[16] 赵文红,陈丽.基于社会网络的创业机会、动机与创业精神的关系研究[J].科技进步与对策,2007,24(8):39-42.

第3章　浙江创业类型及其相关分析

在第2章对总体创业活跃度分析的基础上，本章进一步对不同的创业类型进行分析，从而对浙江省具体的创业行为有更为清晰的认识。为此，在文献回顾的基础上，从以下两个方面进行分析：第一，谁在创业？即创业主体及其特征。在基本的人口统计特征分析基础上，重点分析浙江省“创业新四军”现象。第二，创业动机是什么？将重点分析生存型创业和机会型创业。

3.1　文献综述

随着“大众创业、万众创新”的兴起，创业活跃度明显提高，创业活动类型也愈发多样。开展创业研究的基础是创业类型划分，因此，国内外学者从不同角度对创业活动进行了分类。

首先，创业主体的差异引起了学术界的关注。Smith(1967)，Miner(1983)发现不同类型的创业者所创造的新企业类型存在明显差异，因此根据创业活动的主体差异，把创业活动分为个体创业和公司创业。在此基础上，Morris，Kuratko(2002)对个体创业和公司创业进行了深入的比较研究，认为个体创业主要指与原有组织实体不相关的个体或团队的创业行为，而公司创业主要指由已有组织发起的组织创造、更新与创新活动。在这一分类的基础上，也有不少学者根据创业主体的不同，提出了自主创业和合伙创业。合伙创业，是指具有互补性或者有共同兴趣的成员合伙组成团队进行创业，而自主创业和上述的个体创业其实本质是一样的。

其次，在分析创业主体差异的基础上，一些学者进一步开始关注不同创业活动在创业动机上的差异。Amit(1994)从动机的角度将创业划分为推动型创业和拉动型创业。推动型创业是指创业者对现状不满，并受到了一些非创业者特征因素的推动而从事创业的行为。拉动型创业是指创业者在“新创一个企业的想法”以及“开始一个新企业活动”的吸引下，由于创业者自身的个人特质和商业机会本身的吸引而产生的创业行为。

全球创业观察(GEM)报告中，根据不同的创业动机把创业活动分为“生存型创业”和“机会型创业”。Henderson(2002)也引用 Kauffman 的说法，将创业企业分为生存型和机会型两种。生存型创业是那些由于没有其他更好的工作选择或对其他就业选择不满意而从事创业的活动；机会型创业是指那些为了把握一个商业机会而从事创业的活动。生存型创业者更多的是被动地进入创业领域，而机会型创业者是感知到商业机会并根据自身偏好主动自发地去开创企业。2007 年的 GEM 报告显示，生存型和机会型创业存在差异：机会型创业者的受教育程度高于生存型创业者；城市的机会型创业者偏多，而农村的生存型创业者偏多；机会型创业者的平均年龄低于生存型创业者，而且年龄越大，机会型创业越少，生存型创业越多；同时，机会型创业比生存型创业更能带动就业效益，拉动经济增长(高建 等,2008)。

再次，部分学者基于初始资源的角度对创业活动进行分类。Bhide(2000)在《新企业的起源与演变》一书中从不确定性和投资两个维度构建了一个不确定性、投资和利润的动态模型，指出大企业也有创业行为，并基于初始条件的差异将原创性的创业活动分为 5 种类型，分别是边缘企业(Marginal Businesses)、冒险型创业(Promising Start-ups)、与风险投资融合的创业(VC-backed Start-ups)、大公司的内部创业(Corporate Initiatives)和革命性的创业(Revolutionary Ventures)。Bhide 利用经济学知识和大量的调查资料对以上 5 种类型的创业活动进行深入的比较研究，得出如表 3-1 所示的对比内容。

表3-1 不同创业类型的对比

因素	冒险型创业	与风险投资融合的创业	大公司的内部创业	革命性的创业
创业的有利因素	创业机会成本低 技术进步等因素使创业机会增多	有竞争力的管理团队 清晰的创业计划	拥有大量的资金 创新影响晋升 市场调研能力强 对R&D的大量投资	完美的创业计划 财富与创业精神兼具
创业的不利因素	缺乏信用,筹资难 缺乏技术管理和经验	不确定性低和短期快速成长的市场机会有限 资源有限	企业控制系统缺乏创新激励 难以识别和把握不确定性机会	大量的资金需求和前期投资
获取资源	固定成本低 竞争不是很激烈	个人的信誉 股票及多样化的激励措施	良好的信誉和承诺 转移成本低	富有野心的创业计划
吸引顾客的途径	上门销售和服务了解顾客真正的需求 全力满足顾客需求	目标市场清晰	信誉、广告宣传 关于质量服务的多方面承诺	集中全力吸引少数的大顾客
成功的基本因素	企业家及其团队的智慧	企业家团队的创业计划和专业化管理能力	组织能力、跨部门的协调及团队精神	创业者超强能力 确保成功的创业计划
创业的特点	关注不确定性程度高,但投资需求少的市场机会	关注不确定性程度低的、广阔而且发展快速的市场和新的产品或技术	关注少量的经过认真评估的有丰厚报酬的市场机会,回避不确定性大的市场风险	技术或生产经营方面实现巨大的创新,向顾客提供超额价值的产品或服务

资料来源:葛宝山,刘庆中.基于Timmons模型的创业类型系统分类研究[J].中国青年科技,2007(1):26-32.

最后,从创业效果的角度,部分学者对创业活动进行了细分。Christian等(2000)根据创业后对个人和市场的影响,将创业行为分成以下4种。一是复制型创业,即所需要的资金少,技术要求低,不确定性低,只是利用已有的技能和创业模式来进行创业。其关键在于对市场机会的定位,对个人和环境的改变、新价值创造均小。二是模仿型创业,即模仿已有的成功运营的企业进行创业,其对个人的改变较大,但对环境的改变很小,新价值创造也小。三是安家型创业,即创业者通常拥有技术特长,在创业之前对行业有一定的了解，其对个人的改变较小，但对环境的改变很大，新价值创造也大。四是冒险型创业，即面临的不确定性高，失败率高，但成功后的投资收益大，例如开发新产品。其对个人和环境的改变、新价值创造均大。如图 3-1 所示：

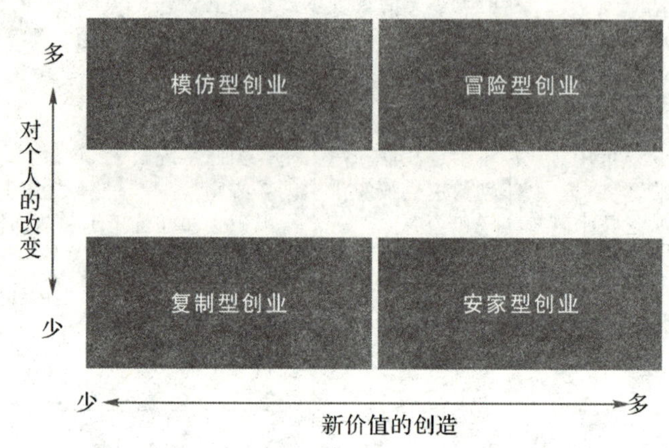

图 3-1　基于价值创造的创业类型

资料来源：葛宝山，刘庆中. 基于 Timmons 模型的创业类型系统分类研究[J]. 中国青年科技，2007(1)：26-32.

Davidsson(2001)基于创业效果在组织层面和社会层面的产出对创业也进行了分类，如图 3-2 所示。具体来说，一是失败式创业，即对组织和社会层面的产出都少，如破产了的污染企业。二是催化剂式创业，即组织层面的产出少，但社会层面的产出多，如万燕 VCD 虽然失败了，但催生了新兴行业。三是重新分配式创业，即社会层面的产出少，但组织层面的产出多，如旧产品开发新用途。四是成功的创业，即对组织和社会层面的产出都多，如淘宝开创了一个全新的生活方式。

综上所述，由于各个学者的研究角度不同，所以对创业类型的划分标准及结果也不同。由于时代的不断发展，创业类型的划分依据也越来越多，如根据创业平台的不同，将创业活动分为网络创业型、加盟创业型以及兼职创业型等等。不论依据哪种分类标准，创业类型的划分都是后续创业活动研究的基础，所以对创业类型的划分是尤为重要的。本章主要从创业者和创业动机来划分创业类型，因为这两种分类依据应用广泛，为大众所熟知，同时划分的创业类型代表性强，便于研究。

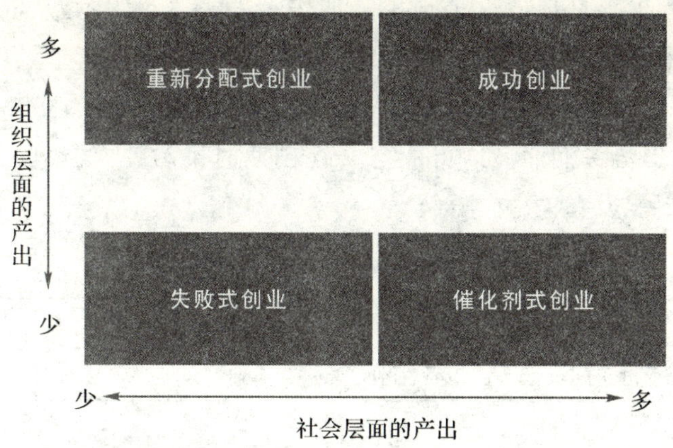

图 3-2 基于创业效果的创业类型

资料来源：葛宝山，刘庆中. 基于 Timmons 模型的创业类型系统分类研究[J]. 中国青年科技，2007(1)：26-32.

3.2 浙江创业主体

创业者作为创业行为的主体，其个体基本的背景特征（包括性别、年龄、学历以及区域分布等）与环境的互动关系会对其创业活跃程度和创业水平产生重要影响。因此，下文对创业者的基本特征进行研究，以便了解这些特征对创业类型的选择和创业活动的影响程度。这一部分主要根据本次调查中初生创业者和新企业创业者的有效样本进行分析，样本总量为 435 个，即浙江早期创业者群体。

第一，创业主体的性别分析。创业行为有显著的性别差异，不同性别的创业者，其创业活动也有所不同。Lerner 等（1997）、罗瑾琏和肖薇（2012）均认为女性具有较低的体力、风险承担能力、社会资本，并在创业过程中面临一定程度的性别歧视，因此男性比女性更容易进入创业行列。但是，也有部分学者指出女性在创业过程中并不一定会受到歧视。胡怀敏、肖建忠（2007）认为如果女性进行被动创业，那她们坚韧拼搏的品质会得到社会的认同，更易创业成功。当下女性创业在全球范围内掀起热潮，女性创业者逐渐成为经济和社会发展中不可或缺的力量，浙江省的数据也在一定程度上呈现出这种现象。如表 3-2、图 3-3 所示，从浙江创业的总体水平来看，女性创业者占浙江早期创业者群体的 45.3%，略低于男性创业者的 54.7%，这说明女性创业在浙江正蓬勃开展，虽略低于男性创业水平，但势头汹涌。这可能与女性创业时不易掉入“经验陷阱”以及其风险控制能力有关。

表 3-2 调查问卷(创业者性别)

问　题	内　容
问题 A	请访问员记录被访者性别(单选)

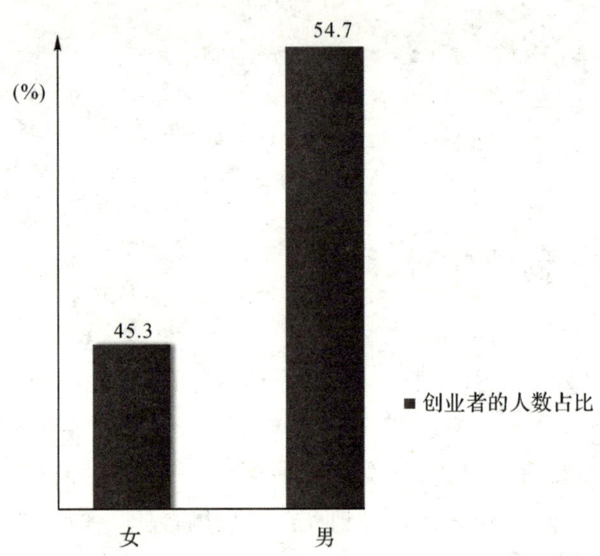

图 3-3 浙江创业者的性别分布

第二，创业主体的年龄分析。创业者的年龄在一定程度上代表着创业者的阅历、风险倾向和获取资源能力的大小。很多学者认为创业活跃度随着创业者所处年龄段的不同而存在着明显的差异。Reynolds(2002)提出年龄偏上(25—44 岁)的创业者阅历、工作经验更丰富，更善于捕捉到市场中的创业机会，从而更有可能参与创业活动。

浙江的数据在一定程度上印证了上述观点，如表 3-3、图 3-4 所示可以看出浙江创业者的年龄主要集中在 18—34 岁，占到浙江早期创业者群体的 84.6%，其中又以 25—34 岁的创业者居多，占到 44.1%，随后才是 18—24 岁的创业者，占 40.5%。然而，35—44 岁的创业者所占的比重并不高，占浙江早期创业者群体的 11.7%，45 岁以上的创业者所占的比重更小，45—54 岁和 55—64 岁的创业者，分别仅占浙江早期创业者群体的 2.8%和 0.9%，由此可以看出：浙江创业者的年龄结构愈发年轻化，年轻人的学习优势和活跃的思维使其在创业浪潮中扮演积极的角色。

表 3-3　调查问卷(创业者年龄)

问　题	内　容
问题 S2	您的周岁年龄是________(记录，并圈选下表中选项)请问您的年龄在以下哪个范围之内？

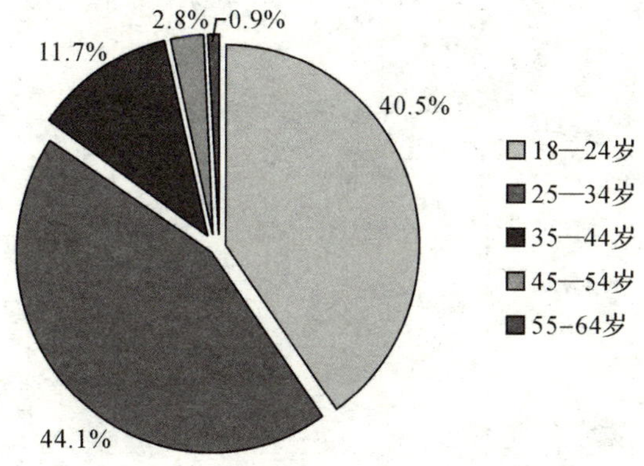

图 3 4　浙江创业者的年龄分布

第三，创业主体的学历分析。创业者的学历高低虽与创业成功没有必然联系，但它能在一定程度上反映出个体的整体素质和学习能力。Wiersemn，Bantel(1992)发现企业家的学历越高，其社会认知复杂程度也越高。胡荣(2003)也提出高学历者由于自身社会资本所产生的对环境变化的敏感性使得他们可以更好地迎合环境变化。

浙江的数据部分与上述观点吻合。剔除拒绝回答的 3 个无效样本，如表 3-4、图 3-5 所示。从图 3-5 中可知，浙江创业者的创业活动与学历的关系，整体呈现为“中间大，两头小”的橄榄型。小学及以下创业者仅占浙江早期创业者群体的 2.08%；初中创业者也只占 9.03%；高中或中专创业者占 22.69%；大专创业者占 32.18%；本科创业者的人数达到顶峰，占到 33.10%，他们可能总体接受信息的深度和广度较好，系统性思维强，社会资本也较好，更易捕捉到转瞬即逝的创业机会，获得创业成功。而研究生及以上的创业者的人数大幅下降，仅占浙江早期创业者群体的0.93%，这可能与研究生群体本来就相对较小，面临的选择更多以及对风险的认知程度更加深入，致使其对于创业的态度更为保守有关。

表 3-4 调查问卷（创业者学历）

问　题	内　容
问题 G	请问您的最高学历是什么？

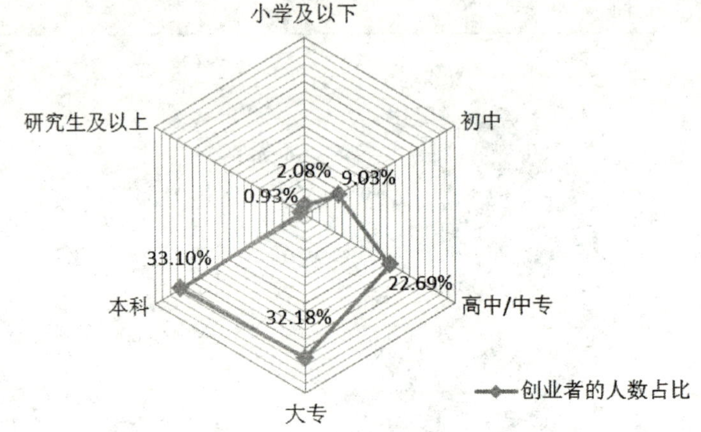

图 3-5 浙江创业者的学历分布

第四，浙江“创业新四军”分析。当下，在创新引擎的推动下，浙江已经形成了高校系、阿里系、海归系以及浙商系 4 大创业主体，这 4 大系的创业者被称为浙江的“创业新四军”，由这支“新四军”形成的“双创”体系已经成为浙江经济发展转型的崭新动力。由于本次调查问卷没有设置供职单位及毕业院校的具体名称测项，因此高校系和阿里系的数据难以获取，在这里只讨论浙商系和海归系。

如表 3-5、图 3-6 所示，浙商系这一创业群体是目前浙江创业的主力，占到浙江早期创业者群体的 81.61%，可见浙商在创业领域的力量不容小视。同时从内嵌饼图还可以看出，浙商系中从父辈开始经商的创业者最多，占浙商系总人数的 54.08%，其次是从祖辈开始经商的创业者，占到 25.35%，最后是从同辈开始经商的创业者，占 20.56%。由此可见，浙江重商的历史传统和家族经商的氛围，感染着一代又一代的浙商儿女加入到创业的行列当中，当前浙江的“双创”体系和相关政策，更是激励着浙商系的创业活动。

表 3-5　调查问卷(浙商系创业者)

问　题	内　容
问题 7ZB2	您的家族是否有经商的传统？在这里,家族包括祖辈的祖父母和外祖父母;父辈的父母、叔伯、姑姨;同辈的兄弟姐妹(堂、表)。

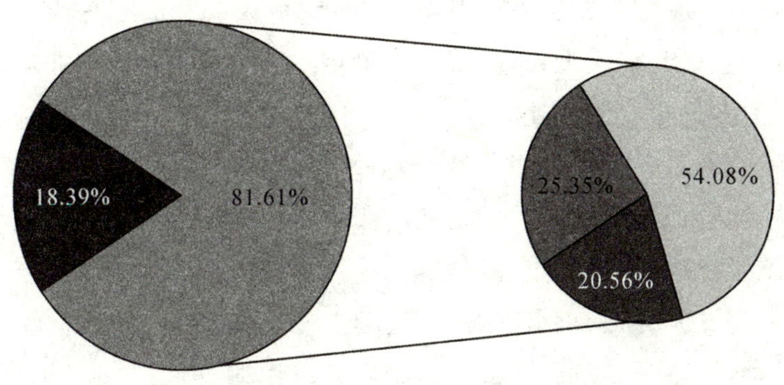

图 3-6　浙商系的创业者分布

在全球化的今天,海归系已经成为浙江创业的重要力量。如表 3-6 所示,海归系创业者有 12 人,在浙江早期创业者群体所占的比重很小,仅占到浙江早期创业者群体的 2.76%。在浙江,海归系的比例较低,一方面与浙江海归人员比例相对较小有关,另一方面还可能是因为海归人员具有更多的成长路径可供选择。同时,必须说明的是,虽然海归系比例相对较低,但也并不意味着这一群体缺乏足够的影响力。事实上,浙江的海归创业者往往是高端创业和科技创业的代表。

表 3-6　调查问卷(海归系创业者识别)

问　题	内　容
问题 7ZB1	请问您是否有一年及以上的境外留学经历？在这里,境外包括港澳台和国外。

3.3 浙江创业动机与创业类型

2001 年全球创业观察报告首次提出，根据创业动机的不同，可以把创业活动划分为生存型创业和机会型创业。这种创业活动的划分随着 GEM 报告在全球影响力的扩大而获得了广泛认可，因此本章也沿用这种划分依据。根据浙江创业者的创业动机，把创业行为划分为以下两大类：生存型创业和机会型创业。同时，沿用 GEM 对生存型创业和机会型创业的定义，即生存型创业是指那些由于没有其他更好的工作选择或对其他就业选择不满意而从事创业的活动；机会型创业是指那些为了把握一个商业机会而从事创业的活动（高建 等，2008）。

剔除拒绝回答/不知道/其他等无效回答的 6 个样本，如表 3-7、图 3-7 所示。由图 3-7 可知，浙江的机会型创业占到浙江早期创业者群体的 86.71%，而生存型创业仅占到 13.29%。这说明浙江的创业机会多、创业者善于捕捉创业机会来实现创业；同时机会型创业又会带来更多、更好的创业机会，使得浙江的创业活动进入机会型创业主导的良性循环。从总体上来看，浙江的创业活动已经实现了从生存型创业到机会型创业的转变，这是浙江作为创业大省乃至强省的有力依据。自改革开放以来，浙江的民营经济就占据了重要地位。虽然早期的浙江创业者主要是生存型创业，但是 30 多年的创业实践不仅提高了浙江的经济水平，也提升了浙江整体的创业档次，使得机会型创业成为浙江创业活动的主体。

表 3-7 调查问卷（创业动机）

问 题	内 容
问题 1K1	您开创新的企业/生意是为了把握商机，还是因为没有更合适的工作才创办企业/生意？

在总体分析创业动机的基础上，可以进一步从创业者与创业阶段来细分创业动机，具体包括性别与创业动机的交叉分析、年龄与创业动机的交叉分析、学历与创业动机的交叉分析，以及创业阶段与创业动机的交叉分析。

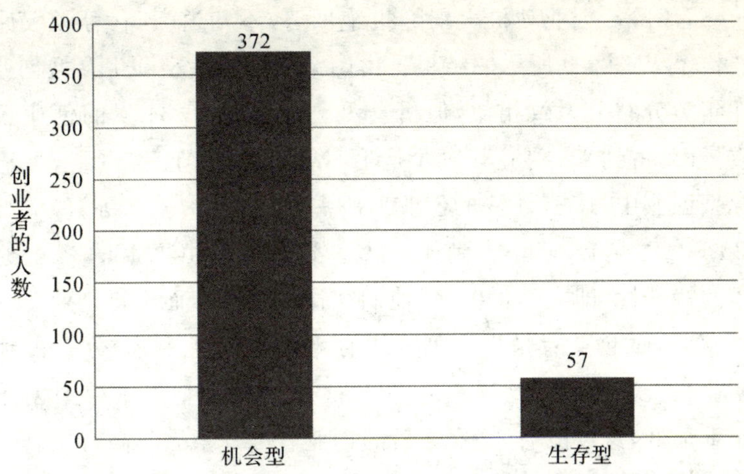

图 3-7　浙江创业者的创业动机(创业类型)

第一,性别与创业动机。剔除拒绝回答/不知道/其他等无效回答的6个样本,得如图3-8所示的结果。图3-8(a)在机会型创业中,男性创业者的人数比重55.91%,高于女性创业者的44.09%;而在生存型创业中,女性创业者更多,占到52.63%,高于男性创业者的47.37%。这可能与女性的家庭身份有关。图3-8(b)在创业类型的选择上,男性和女性创业者都更倾向于选择机会型创业,其比重均达到各自创业群体的85%左右,而他们选择生存型创业的比重都很小,仅占15%左右。

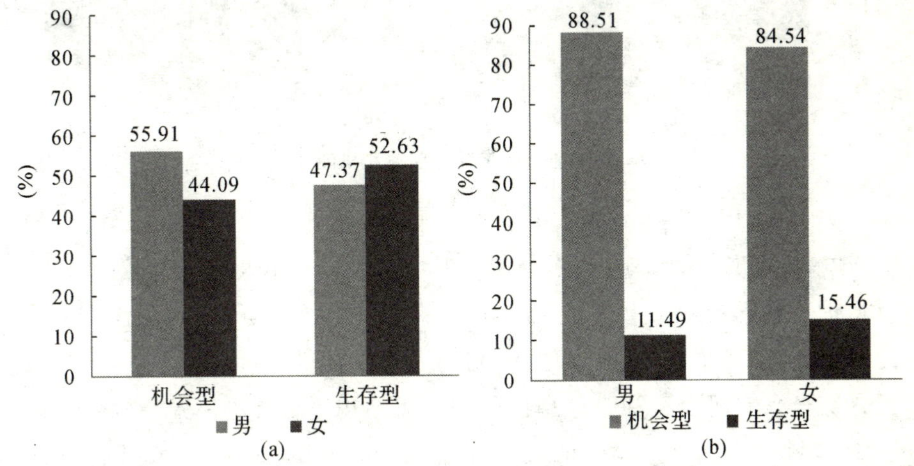

图 3-8　浙江创业者性别与创业动机的交叉分析

第二，年龄与创业动机。剔除拒绝回答/不知道/其它等无效回答的6个样本，得出图3-9所示的结果。由图3-9(a)机会型和生存型创业者的人数在年龄分布上大致相似，但机会型创业中，25—34岁的创业者所占的比重最大，占到45.2%，其次才是18—24岁的创业者，占到39.8%；而在生存型创业中，18—24岁的创业者所占的比重最大，占到43.8%，随后才是25—34岁的创业者，占到40.4%。这可能是由于18—24岁这个创业群体的特殊性，即大学生偏多，他们往往迫于生存而进行创业。综合而言，18—34岁的创业者是机会型和生存型创业的主力军，分别占到它们各自创业总人数的85%左右，而35岁之后的机会型和生存型创业者所占的比重很低，这可能与35岁之后的创业者综合素质不高有关。由图3-9(b)可知，在创业类型的选择上，所有年龄段的创业者都更倾向于选择机会型创业，其比重几乎均占到各个年龄段创业总人数的80%左右，这可能与浙江创业环境的变化、创业机会的增多有关。

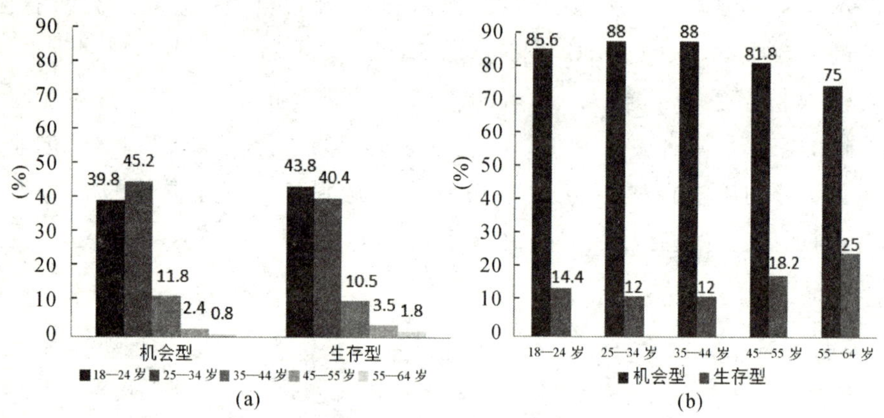

图3-9 浙江创业者年龄与创业动机的交叉分析

第三，学历与创业动机。剔除拒绝回答/不知道/其他等无效回答的6个样本，得出如图3-10所示结果。从图3-10(a)可知，机会型创业和生存型创业在学历分布上是相似的，即均是本科/大专学历的创业者所占的比重最大，随后依次是高中/中专、初中以下以及研究生。虽然总体相似，但是综合来看机会型和生存型创业的学历结构还是有所差异。机会型创业中本科/大专以上学历的创业者比重65.9%，高于生存型创业的59.7%，这在一定程度上说明机会型创业的学历结构更高一些。从图3-

10(b)可知，各个学历的创业者在创业类型的选择上，均倾向于选择机会型创业，其中随着创业者学历的升高，选择机会型创业的比重上升，由83.3%上升到84.5%，再上升到87.7%，最终达到100%；而选择生存型创业的比重下降，由16.7%下降到15.5%，再下降到12.3%，最终下降到0。这说明学历高的创业者有较好的社会资本和市场嗅觉，更有能力抓住创业机会实现创业成功，而学历低的创业者缺乏相应的知识储备，对市场不敏感，往往迫切地需要通过创业来解决生存问题，即选择生存型创业的比重会偏高。

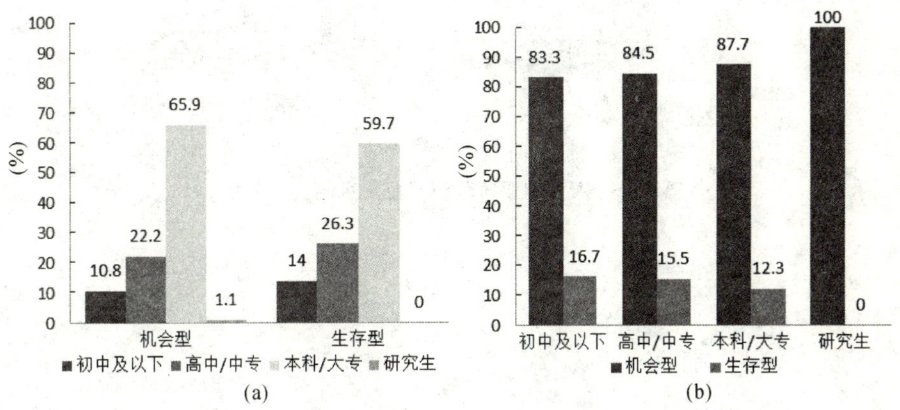

图 3-10　浙江创业者学历与创业动机的交叉分析

第四，创业阶段与创业动机。近几年来，浙江创业政策环境不断优化，创业主体不断涌现，"双创"体系更是促进了浙江的创新创业活动的蓬勃发展。在此，本章进一步对创业阶段与创业动机进行交叉分析。其中，创业阶段主要来自 GEM 对初生创业者与新企业创业者的分类。如表 3-8、图 3-11 所示，机会型创业在初生创业者和新企业创业者这两个创业阶段中都占据绝对优势，占到这两个创业阶段总人数的 90.22% 和 85.76%。同时，由于机会型创业不仅能够带动就业效益，而且还能带来更多的市场和机会，因此浙江各个创业阶段的创业类型结构从整体上来看是有发展潜力的，能推动浙江创业效果的进一步优化。

表 3-8　调查问卷(创业时间)

问　题	内　容
问题 1C	您参与刚才谈到的创办企业/生意的事情，具体参加了________个月

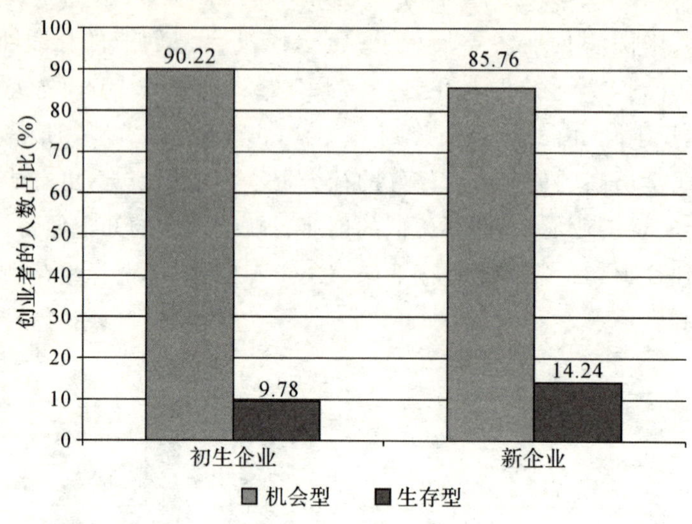

图 3-11　浙江创业阶段和创业动机的交叉分析

3.4　结论与讨论

本章首先对创业类型的相关文献进行回顾，在此基础上对浙江创业者的创业主体和创业动机进行了分析，得出以下结论。

第一，从创业者的人口统计特征来看，浙江的男性创业者占浙江早期创业者群体的比例达到 54.7%，但女性创业在浙江的发展势头强劲，已经接近半数；18—34 岁的创业者是浙江创业的主力军，占到浙江早期创业者群体的 84.6%，其中又以 25—34 岁的创业者偏多；随着学历的升高，创业人数的变化整体呈现为“中间大，两头小”的橄榄型，大专/本科学历的创业者最多，而小学及以下和研究生学历的创业者却很少。

第二，从浙江特色的“创业新四军”来看，浙商系在浙江创业领域的力量不容小视，占到浙江早期创业者群体的 81.61%，而海归系的创业比重很小，仅占 2.76%。

第三，从创业动机来看，浙江的机会型创业占到浙江早期创业者群体的 86.71%，这说明浙江的早期创业活动总体上已经实现了从生存型创业到机会型创业的转变。

第四,从创业主体和创业动机的交叉分析来看,可以得到如下结论。性别和创业动机的交叉分析显示,机会型创业中男性创业者偏多,而生存型创业中女性创业者偏多;男性和女性创业者均倾向选择机会型创业。年龄和创业动机的交叉分析表明,无论是机会型创业还是生存型创业,创业者主要都分布在18—34岁,分别占各自创业群体的85%左右,具体来看18—24岁的生存型创业者偏多,25—34岁的机会型创业者偏多,而35岁之后的创业者所占的比重很小。学历和创业动机的交叉分析说明,虽然机会型创业和生存型创业在学历分布上是总体相似的,但综合来看机会型创业中本科/大专以上学历的创业者比重(65.9%)高于生存型创业(59.7%),这在一定程度上说明机会型创业的学历结构更高一些;各个学历的创业者均倾向于选择机会型创业,同时随着学历的升高,选择机会型创业的比重上升,选择生存型创业的比重下降。创业阶段和创业动机的交叉分析显示,机会型创业占到初生企业和新企业这两个创业阶段创业者群体的90.22%和85.76%,占绝对优势,这说明浙江各个创业阶段的创业类型结构从整体上来看是有发展潜力的。

上述结论从整体上揭示了浙江省的创业类型及其分布状态,未来可以在以下两个方面开展进一步研究。第一,浙江创业的"新四军"在浙江创业生态系统中的角色与地位。本章分析表明,浙商系占据浙江创业群体的大多数,而海归系则占据较小的比例。这仅仅是数量上的一个结果,还没有真正揭示浙江这4大类群体在整个浙江创业生态系统中的角色和地位。例如,海归系在整个群体中数量较少,但是其重要性却不一定小;阿里系和高校系并没有在本章进行分析,但是其地位同样重要。那么,海归系、阿里系、高校系作为浙江创业的精英群体,其差异性在哪里?在浙江创业生态系统中的差异化地位是什么?这都还有待深入分析。第二,浙江创业群体中,机会型创业比例高达86.71%,其内在的形成机理还有待深入分析。1978年改革开放以来,浙江从生存型创业转向机会型创业,这个转变是如何实现的?转变关键节点是什么?内在机理是怎样的?这些都有待深入研究。

参考文献

[1] REYNOLDS P,BOSMA N,AUTIO E,et al. Global entrepreneurship

monitor: data collection design and implementation 1998—2003[J]. Small Business Economics,2005,24(3):205-231.

[2] SMITH N R. The entrepreneur and his firm: the relationship between type of man and type of company [J]. Social Science Electronic Publishing,1967(2):244-245.

[3] SMITH N R, MINER J B. Type of entrepreneur, type of firm, and managerial motivation: implication for organizational life cycle theory[J]. Strategic Management Journal,1983(4):325-340.

[4] MORRIS M, KURATKO D. Corporate entrepreneurship: entrepreneurial development within organization [M]. Orlando, FL: Harcourt College Publishers,2002: 39-63.

[5] CHRISTIAN B, JULIEN P A. Defining the field of research in entrepreneurship[J]. Journal of Business Venturing, 2000 (16): 165-180.

[6] DAVIDSSON P, WIKLUND J. Levels of analysis in entrepreneurship research: current research practice and suggestions for the future[J]. Entrepreneurship Theory & Practice,2001, 25(4):245-265.

[7] BROWN T E, DAVIDSSON P, WIKLUND J. An operationalization of Stevenson's conceptualization of entrepreneurship as opportunity-based firm behavior[J]. Strategic Management Journal, 2001, 22 (10):953-968.

[8] THOMAS A C, DAVID J F, TIMOTHY B P. An examination of university student entrepreneurial intentions by type of venture[J]. Journal of Developmental Entrepreneurship,2011,15(4):503-517.

[9] GARTNER W B, MITCHELL T R, VESPER K H. A taxonomy of new business ventures[J]. Journal of Business Venturing, 1989, 4 (3):169-186.

[10] CARTER N M, GARTNER W B, REYNOLDS P D. Exploring start-up event sequences[J]. Journal of Business Venturing, 1996, 11(3):151-166.

[11] DESISLAVA I Y, MARIANTONIA T. Gender differences in

entrepreneurial intentions: evidence from Bulgaria[J]. Journal of Developmental Entrepreneurship,2011,15(3):245-261.

[12] 张玉利,杨俊.企业家创业行为调查[J].经济理论与经济管理,2003(9):61-66.

[13] 阿玛尔·毕海德.新企业的起源与演进[M].魏如山,马志英,译.北京:中国人民大学出版社,2004.

[14] 葛宝山,刘庆中.基于 Timmons 模型的创业类型系统分类研究[J].中国青年科技,2007(1):26-32.

[15] 高建,程源,等.全球创业观察中国报告(2007)——创业转型与就业效应[M].北京:清华大学出版社,2008.

[16] 葛宝山,李明芳,蔡莉,等.全球化背景下的创新与创业——“2011 创新与创业国际会议”观点综述[J].中国工业经济,2011(9):36-44.

[17] 张玉利,杨俊,戴燕丽.中国情境下的创业研究现状探析与未来研究建议[J].外国经济与管理,2012(1):1-9.

[18] 杨俊.新世纪创业研究进展与启示探析[J].外国经济与管理,2013(1):1-11.

第4章　浙江创业机会与创业能力

在前面两章对浙江创业基本特征分析的基础上，本章重点关注浙江创业者在创业机会和创业能力两个重要维度上的表现。首先对创业机会和创业能力的相关文献进行回顾，并在此基础上分析浙江省11个市在创业机会和创业能力上的表现。同时，作为体现创业机会与创业能力的重要标志，女性创业群体得到了越来越多的关注，本章也探讨了浙江省女性创业群体的创业特征和创业行为。

4.1　文献综述

4.1.1　创业机会

对于创业机会识别，不同学者从不同的视角进行了界定，其中比较有代表性的是奥地利学派、新奥地利学派和行为学派。奥地利学派代表Schumpeter(1934)认为，创业机会识别是产品选择、供给选择、生产方式选择、组织方式选择和市场选择等要素的总和，与企业家的动态创新有关，并取决于创新精神。这一概念肯定了创业者的创新行为对创业机会识别的重要作用，为之后创业理论发展奠定了基础。

新奥地利学派代表Kirzner(1997)认为，创业机会识别一方面是通过纯粹的偶然机会获得新信息，从而意外收获；另一方面是通过系统有目的的搜寻，来发现市场中隐含的内在信息。即创业机会识别过程不仅是指创业者偶然发现市场上纯粹机会的过程，而且还指创业者运用先前知识和经验，在一段时间内通过系统搜寻，警觉地发现别人忽视或无法发现的信息，并且对信息进行梳理、甄别和评价以发现识别创业机会的过程。

行为学派的Endres，Wood(2006)认为，机会是通过个体的系统搜寻而发现的，机会识别过程是个体有意识地系统搜集、处理并识别信息的过程，该过程依赖创业者不同的经验和推断方法，使创业者可以在复杂的市场环境中发现内生的创业机会。

已有研究也对影响创业机会识别的要素进行了总结。创业者特质理论是最早占据创业研究主导地位的分支领域之一，关于这方面的研究成果较为丰富。这些研究发现，创业机会识别受到风险感知、不确定性规避、自我效能、成就取向、控制点及独立性需要等创业者人格特质的影响。Kirzner(1973)是第一个提出创业警觉性的学者，指出警觉性是指能够识别出被其他人所忽略的机会的一种个人能力，而且创业者的创业警觉性与其所能识别出的机会数量正相关。但是，警觉性的概念及测量问题一直是后来很多学者质疑和争论的地方，因此，关于警觉性对创业机会识别影响的相关结论还需要进一步的完善与验证。

王沛、陆琴(2015)提出了先验知识的概念，认为其是个人在过去的工作、学习生活中积累的知识和经验，它主要包括培训得来的理论知识、先前创业得来的创业经验以及先前打工过程中积累的行业工作经验等，每个人因为各自不同的人生经历会具有不同的先验知识，而这些不同的先验知识导致不同个体面对同一环境时会看到不同的机会。目前，多数学者认可先验知识与创业机会识别的数量正相关，但在识别出的机会创新性方面，则有不同的研究结论；而且关于失败的创业经验对创业机会识别的影响方面的观点还不统一，也缺乏对先验知识具体类型的定量研究成果。

除了创业警觉性和先验知识之外，创业者的社会网络在创业机会识别网络中起到重要作用，因为社会网络是创业者获取信息的主要来源，而信息是创业机会的重要组成部分(王竞一，2016)。从事社会网络方面研究的学者主要从家族资本、社会资本、社会网络数量、网络强度、网络密度几个方面进行研究。大部分的研究都验证了创业者的家族资本、社会资本、社会网络会对创业机会识别产生积极影响。但是，在面对不同类型的创业者时，网络强度对机会识别的影响不同，且在强关系还是弱关系更有助于机会识别方面也存在对立的观点。

环境因素包括诸如技术创新、制度变革、经济走势、社会习俗、文化法律等多项内容，也影响了创业者的创业机会识别。Stevenson，Gumpert

(1985)认为，技术、市场、社会价值和政府的政策法规4种环境会对机会识别产生影响。唐靖、张玮、高建(2007)根据创业者做决策时的环境特点，将环境划分为风险性环境、不确定性环境和模糊环境3种类型，并指出在不同环境特征下，机会的来源不同，因而机会的识别方式也存在差异。在风险性创业环境、不确定性创业环境和模糊创业环境下均存在环境动态性，但是关于创业环境的动态性对创业机会识别的作用则存在积极和消极两种对立的观点，这也是未来学者需要进一步研究探索的方向。除此之外，还有少数学者从因素整合的视角对创业机会识别问题进行了研究，如阿迪奇维立等认为，影响创业机会识别的主要因素包括创业警觉性、先验知识、发现或主动搜寻、个人特点（自我效能、承担风险、创造力）和社会网络5大方面。

Peiris等(2013)在上述研究成果的基础上进行了修正，他们认为，创业机会识别受到创业警觉性、个人和环境因素、先验知识、创造力、自我效能感、社会网络、创业能力、认知过程、学习经验和人力资本这10种因素的影响。纳瑞·玛丽·乔治等(2014)则将影响创业机会识别的主要因素归纳为先验知识、社会资本、认知/个人特点、环境条件、创业警觉性和系统搜寻6大类。

4.1.2 创业能力

20世纪90年代，胜任力的观点被引进创业研究领域。Chandler，Hanks(1994)提出了创业胜任力的概念，将其定义为“识别、预见并利用机会的能力”。郁义鸿、李志能(2000)认为创业能力按创业活动过程可以分为两个阶段，首先是发现和捕捉商机的能力，这是前提；其次是利用此商机组织各种资源创造更大价值的能力，也就是潜在的创业者成功地将自己的创业设想转变成现实的能力。

许多学者从静态的角度进行定义，毛家瑞、彭刚、陈敬朴(1992)提出，创业能力是一种很强的实践能力；是一种具有较强综合性的能力；是一种具有高度创造性的能力；是一种自我开发，自我实现的能力；是与个性倾向、个性特征紧密联系的行为操作方式；是知识、技能经过类化和概括化后形成的稳定的心理范式。他们进一步指出创业能力是认知活动的范畴，而非情意活动的范畴，但创业能力的形成和发挥却与情感意志过程密不可分。

还有一部分学者基于动态过程定义创业能力，如严强(1991)认为创业能力是指影响创业活动效率，促使创业活动顺利进行的主体心理条件。具体来说，是以智力活动为核心的，具有较强综合性和创造性的心理机能；是与个性心理倾向、特征密切结合在一起的，在个性的制约和影响下形成并发挥作用的心理过程；是经验、知识、机能经过类化、概括化后形成的，并在创业实践活动中表现为复杂而协调的行为过程。

刘穿石(2004)认为从创业认知来看，以往文献关于创业能力的概念主要是从创业者的“心理品质”和“认知能力”方面进行界定。“心理品质说”认为创业能力包括竞争素质、心理适应性、责任感、自信心、克制能力、处事风格、焦虑水平、情绪稳定性、思维能力等方面。“认知能力说”认为创业能力就是以认知活动为中心所表现出来的能力，相当于智力，包括记忆力、想象力、创造力、观察能力、思维能力等5个方面。这5种因素主要是认知能力，作为人类行为的基本能力，认知能力确实是必需的；但是对于复杂的创业活动而言，仅仅考虑这5种基本的心理能力显然不够。

从创业行为来看，以往的文献关于创业能力包含了诸多与行为相关的各种能力元素，如识别和把握机会、整合资源、提出创意、实施革新、管理创业团队、经营企业、市场营销等多种能力。其中，陈浩义(2010)认为创业能力是一种包含了个性特征、技能和知识水平的综合特征，是创业者成功实现其角色的全部能力，这种能力往往受到创业者经验、培训教育、家庭背景等方面因素的影响。

唐靖、姜彦福(2008)在对之前的研究进行归纳整理的基础上，发现学者们对创业能力内涵的认识尚不清晰，因此，在前人研究的基础上，运用理论分析，实证检验等多种方法，重构了创业能力概念维度，它是包含机会识别与开发能力和运营管理能力的两阶六维度概念。其中，机会识别与开发能力包括机会识别能力、机会开发能力。运营管理能力又分为组织管理能力、关系能力、战略能力和承诺能力。

杨俊(2012)从创业逻辑进程出发揭示了创业行为所包含的关键任务以及任务之间的相互关系，并在此基础上借鉴 Thomas 等对企业家能力的概括，归纳了企业家创业能力的构成要素，分别是：机会相关能力、概念相关能力、组织相关能力、关系相关能力、战略相关能力以及承诺相关能力6个方面。

有关创业机会识别的影响因素及创业能力的构成，国内外学者们已达成一定共识。这里把创业机会识别的影响因素主要归类为创业警觉性、先验知识、社会网络与环境因素；将创业能力划分为机会识别能力与运营管理能力，在此基础上研究浙江省创业活动。

4.2 浙江创业机会与创业能力的总体状况

受限于数据收集，缺乏 2016 年其他省份反映总体创业机会和创业能力水平的数据，无法就浙江总体创业机会和创业能力水平与其他省份进行横向比较，也缺乏反映近几年浙江总体创业机会水平的数据，所以无法就浙江自身的总体创业机会和创业能力水平进行纵向比较。这里，主要根据 530 个专家调查样本（即 530 个新创企业调查）的有关数据，对浙江省 11 个市加以比较分析。

4.2.1 创业机会

对浙江省 11 个市的创业机会测项得分求均值（根据 Likert 5 级评分法），如图 4-1 所示。这说明浙江省 11 个市的创业机会水平存在差异。按照创业机会由高到低可以分为 3 个梯队：处于第一梯队的城市有杭州、湖州、绍兴和金华；处于第二梯队的城市有宁波、嘉兴、舟山、温州和丽水；处于第三梯队的城市有衢州和台州。

杭州市作为浙江省会，其创业机会均值达到了 3.99，较其他城市处于优势地位；衢州市的创业机会均值最低，仅为 3.01。但各市的总体创业机会差距并不明显，创业机会在全省分布情况总体较为均匀。

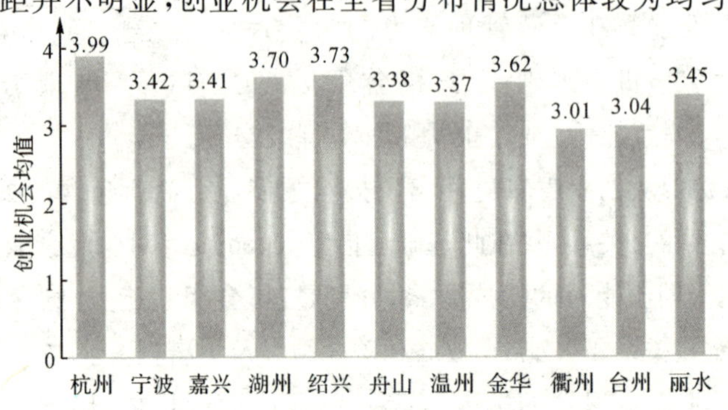

图 4-1 浙江省 11 个市的创业机会均值

4.2.2　创业能力

创业能力的高低关系到创业者能否成功把握住创业机会。从对浙江省 11 个市的创业能力测项得分求均值结果来看(根据 Likert 5 级评分法),浙江省各市的创业能力具有显著差别,如图 4-2 所示。按照创业能力由高到低大体可以把这 11 个市分为两个阵营:处于第一阵营的是杭州、嘉兴、湖州、绍兴、舟山、温州、台州、丽水;处于第二阵营的是宁波、金华和衢州。

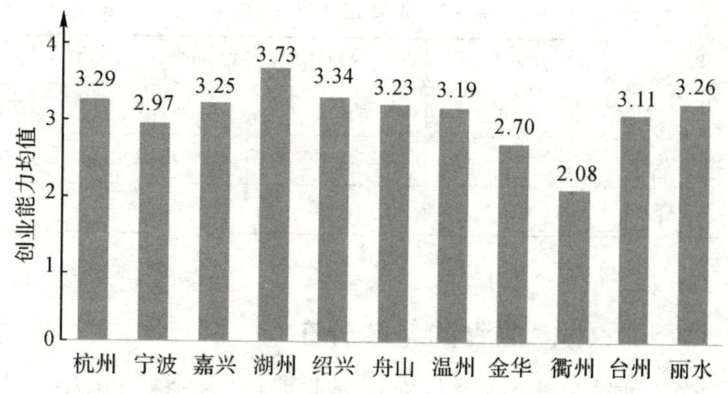

图 4-2　浙江省 11 个市的创业能力均值

湖州市的创业机会水平相对较高,同时湖州的创业者拥有最佳的创业能力,其创业能力均值达到了 3.73;尽管金华市创业机会水平相对较高,但金华的创业者创业能力相对较低,其创业能力均值只有 2.70;衢州市的创业机会水平相对最低,同时,衢州的创业者创业能力相对最低,其创业能力均值仅为 2.08。

4.3　浙江女性创业者

作为区域创业机会和创业能力的重要体现,女性创业近几年来得到了越来越多的公众关注。相对男性而言,女性创业者由于其生理性和社会性特征而在创业大军中处于相对劣势的位置。所以,在特定区域之中,女性创业者的比例就成为反映区域创业整体生态的重要标志。为此,本章通过分析女性创业者在一定程度上揭示浙江整体创业机会与创业能力情况。在这一部分主要根据本次调查中初生创业者和新企业创业者的有效样本进行分析，样本总量为 435 个，即浙江早期创业者群体。

女性创业者占浙江早期创业者群体的比例也很高，如表 4-1 所示，达到了 45.3%。女性创业者在推动地区经济增长中的地位举足轻重，同时也受到地区经济发展水平、社会文化环境等方面的限制。结合浙江省创业女性群体的特点，制定出有效促进女性创业的政策，对于促进浙江省女性创业具有积极意义。

表 4-1　浙江创业者性别

频率		样本数	有效百分比(%)	累积百分比(%)	
有效样本	男性	238	54.7	54.7	54.7
	女性	197	45.3	45.3	100.0
	合计	435	100.0	100.0	

4.3.1　浙江女性创业者的年龄分布

从数据统计结果来看，浙江女性创业群体年龄结构偏年轻化，如表 4-2、图 4-3 所示。年龄在 18—24 岁的女性占到了女性创业总体的 33.5%，年龄在 25—34 岁的女性占到了女性创业总体的 46.7%，这两个年龄阶段的女性占了女性创业群体的绝大多数。而在 18—24 岁年龄阶段和 25—34 岁年龄阶段的创业人群中，男性均多于女性，而这两个年龄阶段的创业者，是创业者群体中的主力军。

表 4-2　调查问卷(创业者年龄)

问　题	内　容
问题 S2	您的周岁年龄是________(单选) 18 岁以下(不含)→致谢，终止……(1)，18—24 岁……(2)， 25—34 岁……(3)，35—44 岁……(4)，45—54 岁……(5)，55—64 岁……(6)，65—99 岁→致谢，终止……(7)

4.3.2　浙江女性创业者的区域分布

浙江女性创业人群在各市的分布差异很大，如表 4-3、图 4-4 所示，台州市创业女性占浙江女性创业总体的比例最高，达到了19.8%。杭州创业女性占女性创业总体的11.2%。湖州、嘉兴和舟山的创业女性占女性创业总体相对最低，分别是0.5%、3%和2%。

各市的男性创业群体和女性创业群体所占比例相差不大，唯有湖州市和丽水市男女比例相差明显，湖州市的创业女性人数远小于男性人数，而丽水市的创业女性人数大大多于创业男性人数。

表4-3 调查问卷(创业者所在地区)

问　题	内　容
问题L	城市编码： 杭州……(1)　宁波……(2)　温州……(3)　绍兴……(4) 湖州……(5)　嘉兴……(6)　金华……(7)　衢州……(8) 台州……(9)　丽水……(10)　舟山……(11)

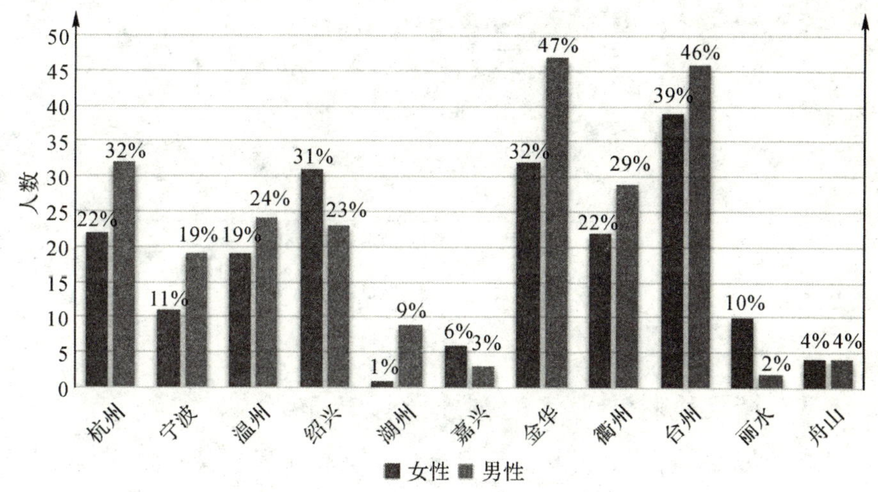

图4-4 浙江男、女性创业者的区域分布

4.3.3 浙江女性创业者的学历分布

浙江的女性创业群体中最高学历差距十分明显，如表4-4、图4-5所示，本科生的人数最多，占到了女性创业总体的42.1%；其次分别是大专生和高中/中专生，占女性创业总体的比例分别为23.9%和22.8%；最后是初中生创业者，占比为6.1%。

在不同学历的创业人群中，本科和大专创业群体中的男女比例差距明显，女性数量均明显少于男性。高中/中专创业群体中，女性多于男性；初中生创业群体中，女性少于男性；硕士研究生及以上创业群体中男女比例基本一致。

表 4-4 调查问卷(创业者学历)

问 题	内 容
问题 G	[出具示卡]请问您的最高学历是什么？(必要时读出答案)(单选) 未受过正规教育……(1)，小学及以下……(2)，初中……(3)， 高中/中专……(4)，大专……(5)，本科……(6)， 硕士研究生及以上……(7)，不知道……(−1)，拒绝回答……(−2)

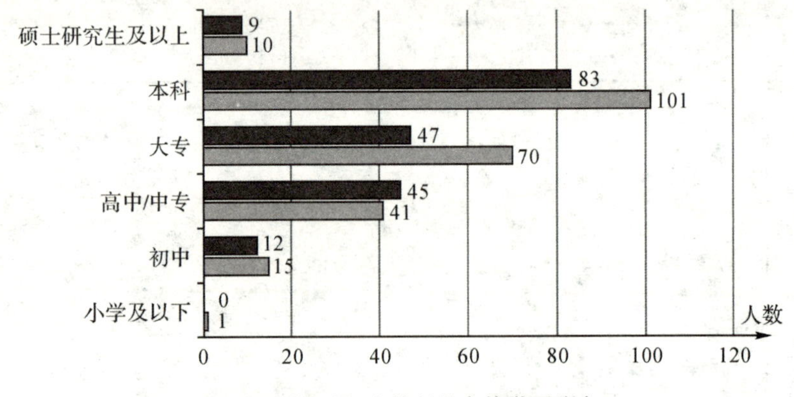

图 4-3 浙江男、女性创业者的学历分布

4.3.4 浙江女性创业者的创业阶段分布

浙江女性创业者的创业过程大多处于新创阶段(有关创业阶段划分参见第 2 章的表 2-2)，新企业创业者居多，如表 4-5、图 4-6 所示。在女性创业者创立的企业中，初生创业者占比为 20.3%，新企业创业者占比为 79.7%。男性创业者中，初生创业者和新企业创业者分别占到 23.5% 和 76.5%。

表 4-5　调查问卷(创业者所处创业阶段)

问　题	内　容
问题 1A1	目前您个人或您与其他人是否正在尝试创办自己的企业/生意,包括任何自我雇佣或销售产品/服务? 是……(1),否……(2), 不知道……(−1),拒绝回答……(−2)
问题 1D1	对于创办的企业/生意,您个人是将完全拥有还是部分拥有该企业/生意,或者没有所有权?(单选) 完全拥有……(1),部分拥有……(2), 没有所有权……(3), 不知道……(−1),拒绝回答……(−2)
问题 1C	您参与刚才谈到的创办企业/生意的事情,具体参加了＿＿＿＿个月(记录具体数值,区间值无效,有效范围 1—1 000) 不知道……(−1),拒绝回答……(−2)

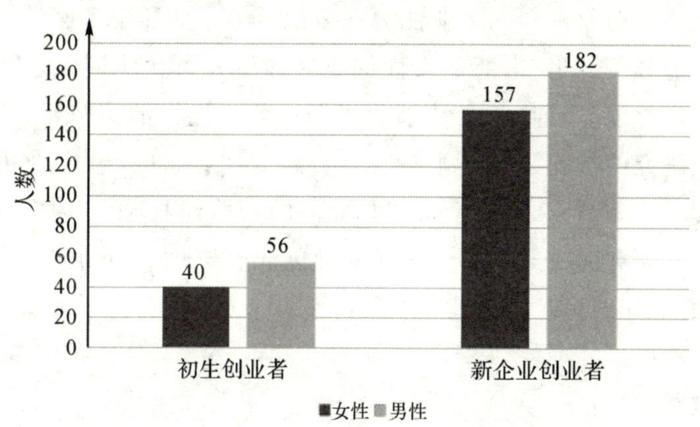

图 4-6　浙江男、女性创业者的创业阶段分布

4.4　结论与讨论

本章重点关注创业者在创业机会和创业能力两个重要维度上的表现,重点对浙江省 11 个市在创业机会和创业能力上的表现进行分析。同时,也对浙江女性创业群体的创业特征和创业行为进行了深入分析。得到的结论主要表现在以下几个方面。

第一，从区位的角度来看，浙江总体创业机会的地域分布并不均匀，由北向南有递减的趋势，但具体分析到各个市，彼此之间创业机会水平差距却并不明显。

第二，浙江创业能力水平的总体分布相对均匀，但浙北地区总体创业能力要高于浙南地区，其中湖州创业者的创业能力最为突出。

第三，浙江的女性创业群体占创业总群体的比例很高，占据半壁江山；但是女性创业人群在浙江省各市的分布却不均匀，这在一定程度上也反映了不同区域的创业机会与创业能力状况。

在以上分析的基础上，以下两个方面还有待进一步研究：第一，区域创业机会与区域创业能力的提升机理研究。已有的创业研究重点关注微观企业层面的创业机会与创业能力，但是在区域层面如何促进整体创业机会和创业能力，为个体创业企业提供更好的创业环境，还有待深入研究。这就涉及创业机会和创业能力在微观个体层面和中观区域层面之间的互动机理分析。第二，浙江女性创业群体研究。女性创业总体水平和质量在一定程度上反映了区域创业机会和创业能力的总体水平，因而也成为创业研究的重要领域。本章统计分析表明，浙江女性创业占据了半壁江山。那么，为什么浙江会形成如此高的女性创业水平，内在形成机理如何？这些研究的深入将会为区域女性创业引导政策的制定提供更为科学的依据。

参考文献

[1] SCHUMPETER J. The theory of economic development [M]. Oxford: Oxford University Press, 1934: 128-156.

[2] KIRZNER ISRAEL M. Entrepreneurial discovery and the competitive market process: an Austrian Approach[J]. Journal of Economic Literature, 1997, 35(1): 60-85.

[3] ENDRES A M, WOODS C R. Modern theories of entrepreneurship behavior: a comparison and appraisal[J]. Small Business Economics, 2006, 26(2): 189-202.

[4] KIRZNER I. Competition and entrepreneurship[M]. Chicago, IL: University of Chicago Press, 1973: 17-29.

[5] CHANDLER G N, HANKS S H. Market attractiveness, resource-based capabilities, venture strategies, and venture performance[J]. Journal of Business Venturing, 1994, 9(4): 331-349.

[6] STEVEMSON H R, GUMPERT D E. The heart of entrepreneurship [J]. Harvard Business Review, 1985, 63(2): 85-94.

[7] INDU PEIRIS, MICHELE AKOORIE, PARESHA SINHA. Conceptualizing the process of opportunity identification in international entrepreneurship research[J]. South Asian Journal of Management, 2013, 20(3): 13-15.

[8] 王竞一. 我国在校大学生创业机会识别的影响因素研究[J]. 中国人力资源开发, 2016(3): 82-88.

[9] 王沛, 陆琴. 创业警觉性、既有知识、创业经历对大学生创业机会识别的影响[J]. 心理科学, 2015(1): 160-165.

[10] 唐靖, 张帏, 高建. 不同创业环境下的机会认知和创业决策研究[J]. 科学学研究, 2007(2): 328-333.

[11] 王一兵. 学会关心——面向 21 世纪的教育(圆桌会议报告)[J]. 教育研究, 1990(7): 16-17.

[12] 杨道建. 大学生创业能力影响因素与培养路径研究[D]. 南京: 江苏大学, 2013.

[13] 毛家瑞, 彭刚, 陈敬朴. 创业教育的目标、课程及评价[J]. 教育研究, 1992(1): 26-30.

[14] 严强. 社会发展理论[M]. 南京: 南京大学出版社, 1991.

[15] 刘穿石. 创业能力心理学创业技能[M]. 西安: 陕西师范大学出版社, 2004: 24-27.

[16] 高树昱. 工程科技人才的创业能力培养机制研究[D]. 杭州: 浙江大学, 2013.

[17] 唐靖, 姜彦福. 创业能力的概念发展及实证检验[J]. 经济管理, 2008(9): 51-55.

[18] 王晓文, 张玉利, 杨俊. 基于能力视角的创业者人力资本与新创企业绩效作用机制研究[J]. 管理评论, 2012, 24(4): 76-84.

第5章　浙江创业中的创新分析

不同类型的创业者对创新认知程度不同，会影响创业者对企业未来的发展规划，制定出不一样的企业创新发展方案，从而影响企业发展。不同类型创业者的创新能力，可以影响企业创新活动的执行情况，继而影响企业发展。同时，通过比较不同类型企业的创新意向、创新资源与创新绩效有助于深入了解浙江创业者创业过程中的创新活动。此外，企业信息系统使用是一种典型的创新活动，本章将以此为例来深入分析创业者在创业过程中对信息系统的使用意向、使用行为及使用绩效。

5.1　文献综述

5.1.1　创新绩效相关理论概述

创新是企业发展的动力源泉。熊彼特(1939)认为创新是一种从未出现过的有关生产要素及生产条件的新组合引进生产体系，从而改进生产技术，占领新市场等。基于该理论，以 Mansfield 等(1996)为代表的技术创新理论开始诞生，他们认为技术创新指企业家结合先进技术、生产要素及生产条件形成一种新的生产组合，并在生产体系中加以运用，最后将最终产品投入市场，从而获得潜在利润的活动或过程。随后，学术界又出现了“制度创新”概念，这一概念由诺斯等(1970)国外学者率先提出。他们认为制度变迁是决定企业创新的重要因素。尽管研究创新的视角有所变化，但技术创新依旧是学术界不变的热门话题。国内学者毕克新(2006)认为技术创新可以分为工艺创新及产品创新。很多国内外有关创新的研究已证明了产品创新和市场绩效之间存在着密切联系，自然创新并不单单体现在产品和工艺上，对信息管理系统的使用也是企业创新活动。

创新绩效被广泛用来反映企业创新成果。朱学冬等(2010)将创新绩效分为两种形式：一种表示创新结果，可用新产品、新服务及专利数加以表现；另一种表示创新过程，创新绩效在企业创新活动中，逐渐会转化成一些创新效用。对于创新绩效衡量指标，国内外学者对其有着不一样的研究结果。Hit 等(1991)则以专利申请数作为创新标准。Negassi(2004)将创新产品销售额作为创新绩效测量指标。由于单一的创新绩效衡量指标存在一定的局限性，所以为了更好地反映企业创新活动，很多学者便利用多指标对企业创新活动进行测量。Souitaris(2001)利用企业过去 3 年中引进的渐进创新产品数量、企业过去 3 年中引进的激进创新产品数量、引入的创新制造过程数量、引进的渐进产品占当前销售额比例、引进的激进产品占当前销售额比例、创新支出占当前销售额比例以及获得的专利数这 7 个衡量指标来测量企业创新绩效。Romijn 等(2002)利用重大产品创新数、拥有的专利数以及创新产品的新颖程度 3 个指标来衡量创新绩效。在国内，高建等(2004)学者指出创新过程中的效率、商业共享率以及成果产出率等作为技术创新绩效的衡量指标，并认为企业技术创新由产出绩效和过程绩效两部分组成。在此基础上，陈劲(2006)认为可用经济绩效、直接技术效益以及技术积累效益 3 大指标来衡量企业技术创新中的产出绩效。

根据上述概述，本章采用企业产品带给顾客的新颖性作为测量创新绩效指标，分析企业的创新活动情况。

5.1.2 行为意向相关理论概述

学界在对 Fishbein 于 1967 年所提出的合理行为模型研究过程中发现，行为意向是指人们在既定情境下去执行某一个特定行动时会得到相应的预期表现的一种意愿(Ajzen，1973)。这一理论可以有效地预测出人们的行为模式，其主要有两个影响要素：个人态度及社会规范(李东进等，2009)。但行为意向标准一旦得以确定，那就应保证态度、规范及意向在同一程度上(Fishbein et al.，1975)。大量研究证明合理行为模型能够很好地预测行为意向。Ajzen(1991)认为行为意向就是个人想采取某一特定行为的行动倾向，在指定的条件下，个人行为意向与其行为之间相关性较高，同时意向会很好地预测出个人未来行为。

尽管多数研究文献支持了行为意向与实际行为两者的高度相关性，但行为意向并不等同于实际行为，所以很多研究者对行为意向做出细化研究，例如闫岩(2014)将行为意向概念具体到实施意向。他认为实施意向是指个体对执行某个行为的时间、地点、方式等操作化意向，相比笼统的行为意向，实施意向更能预测出实际行为。对此，我们联想到购买意向，利用该具体操作性行为意向来预测消费者购买行为。冯建英等(2006)认为购买意向是一种消费心理活动，也是一种购买行为发生的概率。李清政等(2012)从顾客资产概念视角分析，顾客在认为企业所提供的产品或服务等具有价值才会促进其忠诚度重复购买行为，而顾客的重复购买行为便对企业资产给出应有的回报。赵斌等(2013)认为创新意向是指在一定情境下，个体愿意进行创新的动机及意愿强度，即为完成特定任务，人们愿意进行尝试的意愿以及能够做出多大的努力强度，这是个体创新行为的内部驱动力。

综上所述，无论是对个人还是对企业而言，创新意向是为实现产品或服务创新所做出的一系列工作过程，即为创新工作所做的前期准备属于创新意向，购买创新工作所需的设备或软件，为企业引进新产品或新工艺是企业创新意向的一部分，本章基于这个含义分析浙江省企业创新活动情况。

5.2 分析框架

本章首先从不同类型创业者的创新认知及创新能力出发，了解创业者对新产品或服务的购买意向、尝试使用意向以及对新产品或服务等新项目开发能力，其次便从企业层面分析，了解初生企业及新企业的创新活动，最后基于创业者个人层面，分析创业者在创业过程中对企业信息系统的使用情况，来佐证浙江省创业创新活动。但由于在企业层面分析创新活动中，需要加入创新资源等要素，最终形成分析框架，如图 5-1 所示。

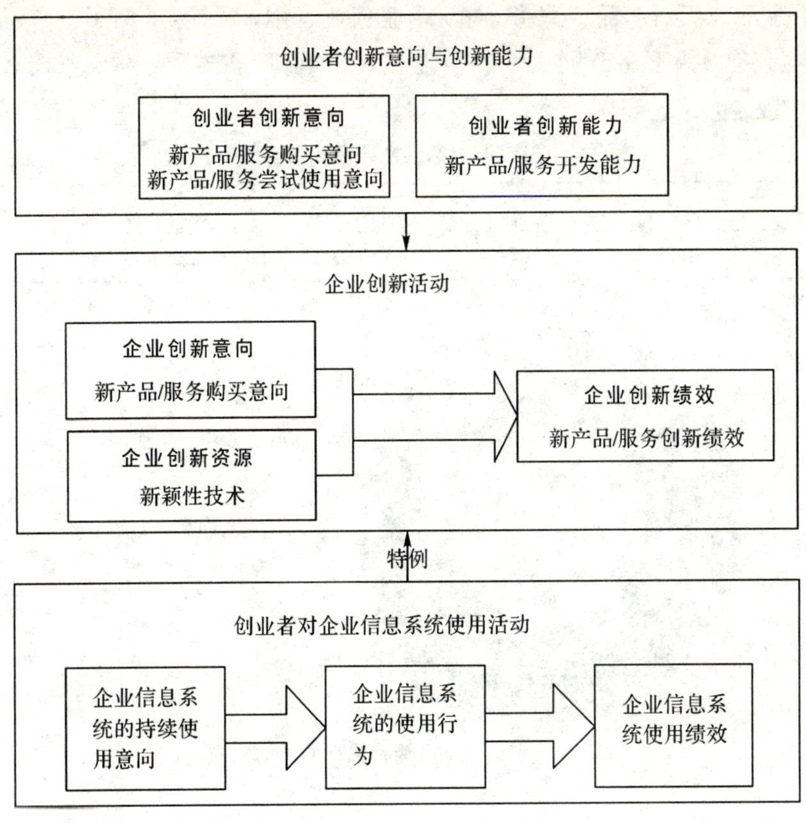

图 5-1　分析框架

5.3　创新意向与创新能力

5.3.1　购买新产品或服务的意向

创业者对新产品或服务的购买意向是创业者创新认知的表现之一，购买意向强度可以反映创新者对新事物的接受程度。如表 5-1、图 5-2 所示，分别分析了初生创业者及新企业创业者未来半年内购买新推出的产品或服务的意向。对于未来半年内是否会购买市面上新推出的产品或服务而言，初生创业者中 70%的受访者愿意购买新产品或服务，15%受访者不愿意购买新产品或服务，而新企业创业者中82%愿意购买新产品或服务，仅有4%不愿意购买。新企业创业者购买新产品或服务意向较高于初生创业者。

表 5-1 调查问卷（购买新产品或服务的意向）

问　题	内　容
5V1	在未来6个月内您有可能购买市面上新推出的产品或服务

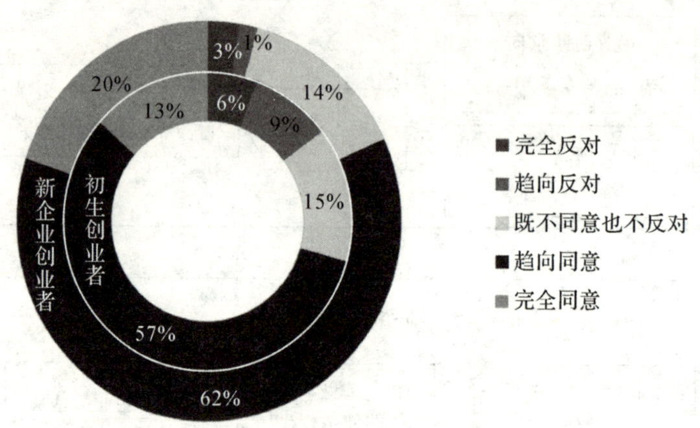

图 5-2 创业者购买新产品或服务的意向

5.3.2 尝试使用新产品或服务的意向

尝试使用意向与使用行为具有密切关系，创业者尝试使用新产品或服务的意向是创业者对新产品或服务的内在心理需求。同购买意向一样，尝试使用新产品或服务意向也是创业者创新认知的表现形式之一。对未来半年内创业者尝试使用新产品或服务的意向而言，如表5-2、图5-3所示，80%的初生创业者会尝试使用，10%的初生创业者不会尝试使用，而新企业创业者中83%会尝试使用，仅有4%不会尝试使用。新企业创业者尝试使用意向都比初生创业者意向高，表明新企业创业者接受新事物意识较高。

表 5-2 调查问卷（尝试使用新产品或服务的意向）

问　题	内　容
5V2	在未来6个月内您有可能会尝试使用最新技术产品或服务

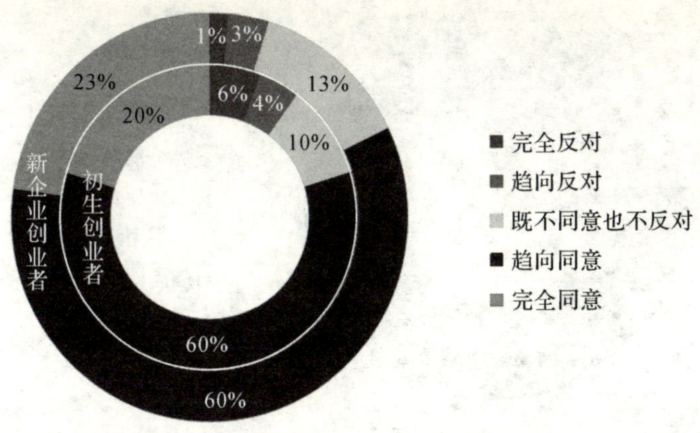

图 5-3 创业者尝试使用新产品或服务的意向

5.3.3 在工作中尝试使用新产品或服务的意向

创业者在工作生活中尝试新产品或服务的意向，是创业者在工作生活中对创新的认知表现。如表 5-3、图 5-4 所示未来半年内不同类型创业者在工作中对新产品或服务的尝试使用意向。对于初生创业者而言，72%人认为未来半年内会在工作中会尝试使用新技术产品或服务，11%认为不会尝试使用。对于新企业创业者而言，74%认为未来半年内在工作中会尝试使用新技术产品或服务，仅有 6%认为不会尝试使用新技术产品或服务。数据统计结果再次说明初生创业者创新意识较弱于新企业创业者。

表 5-3 调查问卷(在工作中尝试使用新产品或服务的意向)

问 题	内 容
5W2	在未来 6 个月内您有可能会在日常工作中尝试从未使用过的新技术产品或服务

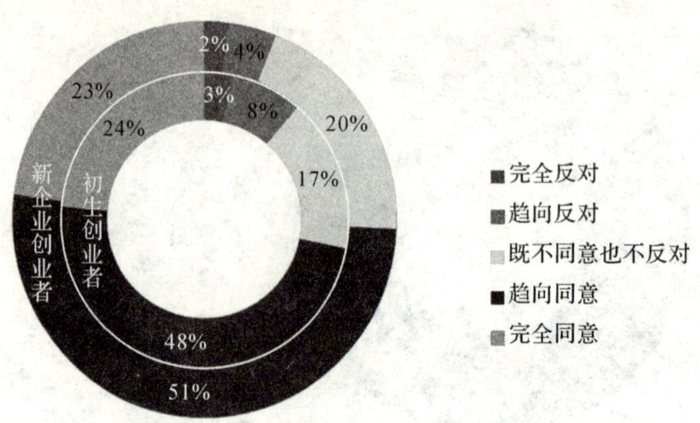

图 5-4 创业者在工作中尝试使用新产品或服务的意向

5.3.4 创新能力

企业组织进化理论认为企业能力的演变是由企业家及高层管理者的价值观和信仰、经验和专业化知识水平等个性特征所决定（贺小刚 等，2005）。创业者能力可以决定创业企业的生存发展（顾桥 等，2004）。本次调查采用初生创业者及新企业创业者的新产品/服务开发经验来反映初生创业者的创新能力。

（一）新产品/服务开发经验

调查发现，所有受访者中以全职、兼职以及自我雇佣/自由职业身份的创业者，选择对过去 3 年内参与雇主开发的新项目分别有初生创业者 89 人和新企业创业者 331 人（如表 5-4、图 5-5 所示），结果显示 76%的初生创业者表示过去 3 年内没有参与过雇主开发的新项目，69%的新企业创业者选择过去 3 年内没有参与过雇主开发的新项目，初生创业者和新企业创业者表示过去 3 年内参与雇主开发新项目活动的分别占 24%和 30%。这表明浙江省内大部分初生创业者及新企业创业者过去 3 年没有参与新项目开发活动。对目前参与新项目开发的全职、兼职以及自我雇佣/自由职业创业者的调查还发现，初生和新企业创业者有效数据分别有 21 份及 100 份，数据量相对较少，根据图 5-5 结果显示，目前参与雇主新项目开发的初生及新企业创业者的人数占比很高，分别占比 62%及

63%。结合原始调查数据观察到，选择目前正在参与新项目开发的创业者，过去 3 年都参与过雇主开发新项目，这表明过去参与过新项目开发的初生或新企业创业者依旧选择参与雇主新项目开发活动的可能性较大。过去 3 年内，浙江省内的创业者对新项目开发活动的过程中具体情况究竟如何？为了更加具体地了解这一情况，开展了进一步的调研活动。问卷将新项目开发分为两个阶段，并对这两个阶段内创业者参与度做出分析。

表 5-4　调查问卷(在不同阶段参与新产品/服务开发)

问　题	内　容
5EE3	在过去 3 年内，您是否参与过为您的雇主开发的新项目，比如开发新产品/新服务、开办新公司/新机构?
5EE4	请问您目前是否正在参与此类新项目的开发?

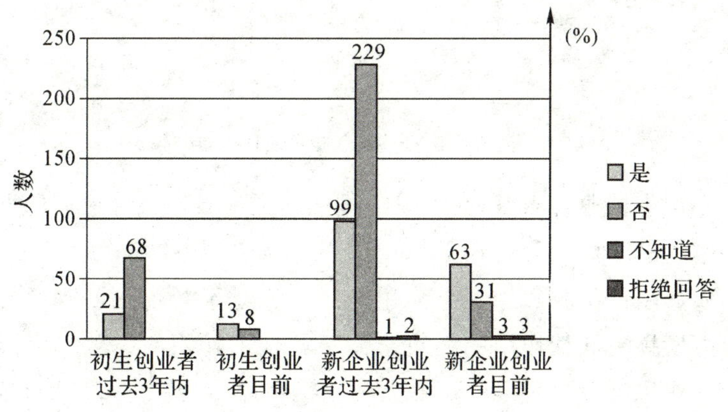

图 5-5　创业者在不同阶段参与新产品/服务开发情况

(1)第一阶段

如表 5-5、图 5-6 所示，参与雇主新项目开发活动中 95%的初生创业者及 90%的新企业创业者在过去 3 年内会积极参与发表自己独特性意见，5%初生创业者不会积极发表意见，而 10%的新企业创业者在过去 3 年内不会积极发表意见。

对于积极参与发表自己独特性意见的人，本次问卷还进一步调查了这些人在活动中发挥的是主导作用还是辅助作用，统计结果如表 5-6、图 5-7 所示。

表 5-5　调查问卷(项目概念开发阶段的参与情况)

问　题	内　容
5EE5	第一个阶段指对项目的概念开发,包括例如项目信息搜索,对新项目进行集体讨论,以及向管理人员提出自己的独创性意见。请问您在过去3年内是否积极参与到上述阶段中?

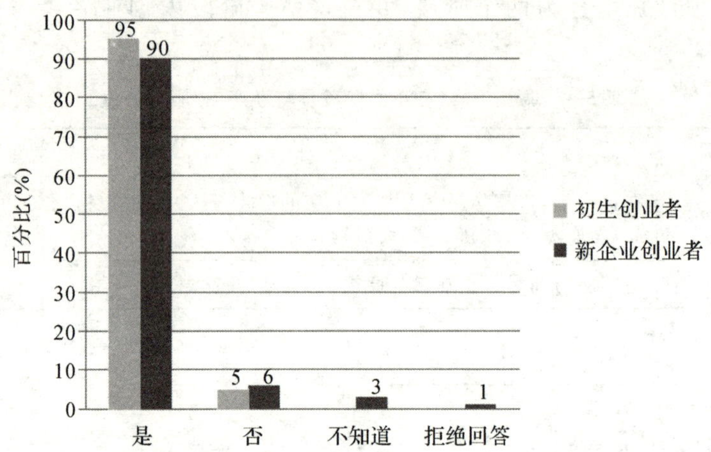

图 5-6　创业者在项目概念开发阶段的参与情况

对于初生创业者而言,在第一阶段主动提出自己独特意见的人中,发挥主导作用的人数少于起辅助作用的人数,既发挥辅助作用又发挥主导作用的人数略低于只发挥主导作用的人数。对于新企业创业者而言,在该阶段内发挥主导性作用的人数略低于起辅助作用的人数,显著多于既具有辅助作用又具有主导作用的人数。很明显,在这个阶段,新企业创业者起辅导作用的占比小于初生创业者,而主导性作用的占比大于初生创业者。

表 5-6　调查问卷(在项目概念开发阶段的主导性情况)

问　题	内　容
5EE5a	请问您在这个阶段中起到主导作用还是辅助作用?

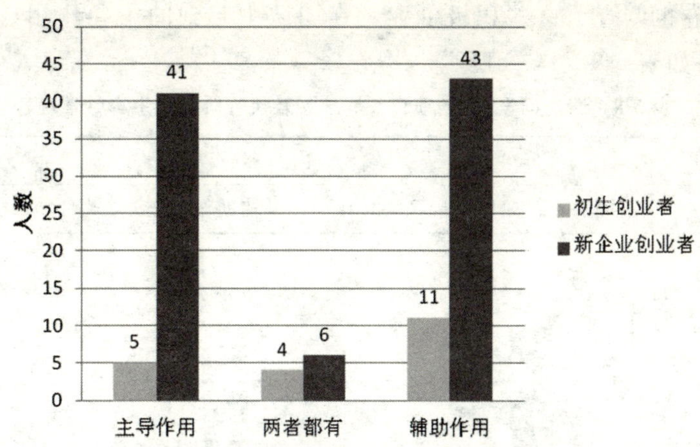

图 5-7 创业者在项目概念开发阶段的主导性情况

(2)第二阶段

对于参与公司雇主的新项目开发第二阶段中，被访者中 81％的初生创业者及 84％的新企业创业者会积极投入新项目概念推广、业务企划、市场推广、融资、组织工作团队等工作中(如表 5-7、图 5-8 所示。)

表 5-7 调查问卷(在新项目前期准备及执行阶段的参与情况)

问 题	内 容
5EE6	第二阶段指新项目的前期准备和执行。包括例如概念推广、业务企划、市场推广、融资、组织工作团队。请问您在过去 3 年内是否积极参与到上述阶段中？

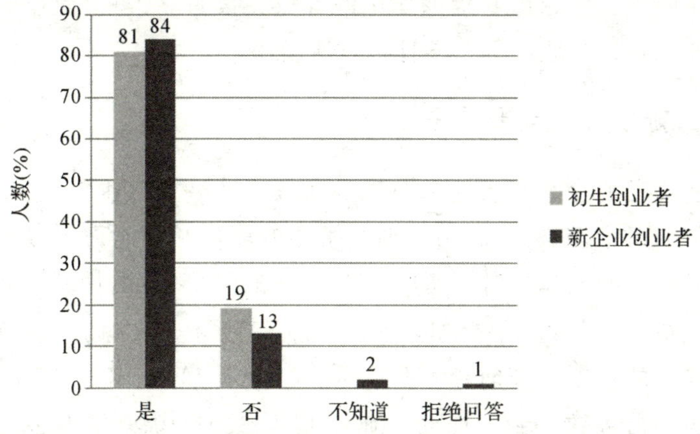

图 5-8 创业者在新项目前期准备及执行阶段的参与情况

问卷也调查了这些积极创业者在团队中起到的主导作用或辅助作用，结果如表5-8、图5-9所示。

表5-8 调查问卷（在新项目前期准备及执行阶段的主导性情况）

问 题	内 容
5EE6a	请问您在该阶段中起到主导作用还是辅助作用？

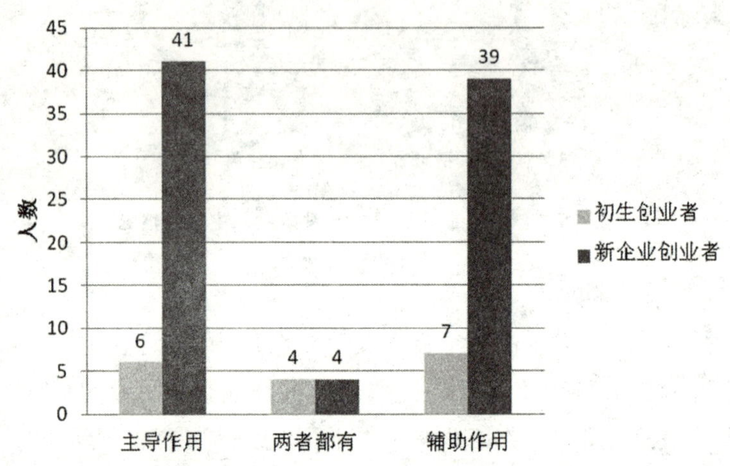

图5-9 创业者在新项目前期准备及执行阶段的主导性情况

根据图5-9显示，积极参与新项目前期准备和执行的初生创业者及新企业创业者，在该阶段的主导情况发生了一定变化。在该阶段内，初生创业者发挥的主导作用人数略低于辅助作用人数，而新企业创业者发挥主导作用的人数已超出起辅助作用的人数。很明显，初生创业者以及新企业创业者在该阶段内的主导性都有所增强。

（二）新项目开创者分布

团队成员拥有新产品/服务开发经验，可以提升创业团队，使其拥有较强的创新思维及能力，而一个创业领导者项目开创能力可以影响其公司产品或服务的创新效益。所以需要进一步了解浙江省内开创新产品或服务的人员分布情况，结果如表5-9、图5-10所示。在过去3年内，初生创业者参与的新项目开创者大多是同事，其次是雇主，本人（受访者）与联合开创新项目人数一致。而新企业创业者参与的新项目大多是由本人（受访者）开创，其次由同事开创，由雇主开创的项目数较高于联合开创。

很明显，浙江省初生创业者与新企业创业者的个人项目开发能力具有很大差异。

表 5-9　调查问卷(新项目开创者)

问　题	内　容
5EE7	请您想一下在过去 3 年内积极参与的为您的雇主开发的最重要的新项目。开创这个项目是您本人，还是您的雇主，或是一或多位同事？

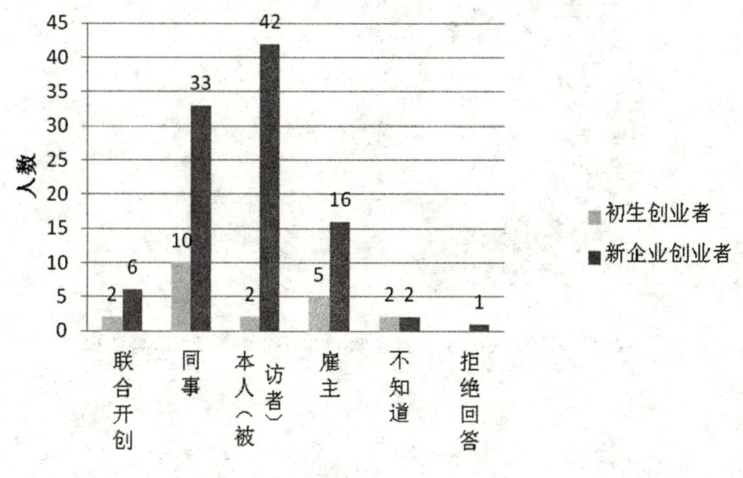

图 5-10　新项目开创者人员分布

5.4　创新活动

5.4.1　创新意向

企业购买新产品或者服务的意向，可以决定企业内技术设备等硬件资源的更新程度，新资源的加入会保证企业创新业务的发展状况。对于未来 6 个月内企业是否会购买目前未配置的新产品或服务，如表 5-10、图 5-11 所示，64%的受访初生创业者及 74%的新企业创业者认为自己所在的工作单位会购买，17%的初生创业者以及 19%的新企业创业者既不同意也不反对购买工作单位内未配置的新产品或服务，而 19%的初生创业者和 7%的新企业创业者反对购买。数据对比发现，新企业创业者所在的工作单位对新产品或服务的接受程度较高。

表 5-10 调查问卷(6 个月内购买未配置新产品/服务意向)

问 题	内 容
5W1	在未来 6 个月,您的工作单位有可能会购买目前没有配备的新产品或服务

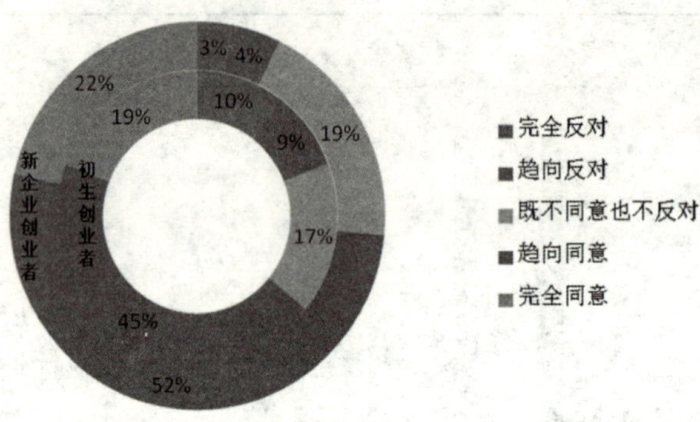

图 5-11 企业未来 6 个月内购买未配置新产品/服务意向

5.4.2 创新资源

从使用生产技术及工艺手段来看(如表 5-11、图 5-12 所示),30%的初生企业及 27%的新企业使用的技术很新颖;44%的初生企业及 50%的新企业使用的技术较为新颖;19%的初生企业及 22%的新企业使用的技术不新颖。这一结果表明省内产品或服务所能提供的技术或工艺有一定新颖性,但程度还有待提高。

表 5-11 调查问卷(所需的主要技术与工艺的问世时间)

问 题	内 容
1G3	这个产品或服务所需的主要技术或工艺,问世不到 1 年? 还是 1 到 5 年,或者 5 年以上?

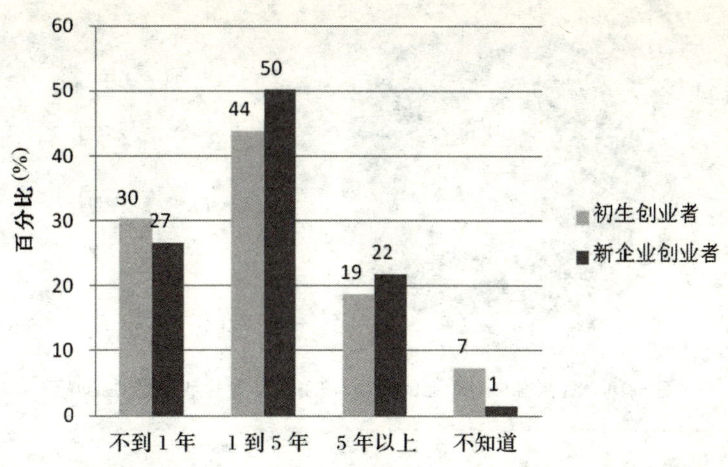

图 5-12　企业所需的主要技术与工艺的问世时间

5.4.3　创新绩效

每个产品开发出来的目的在于服务消费者，只有消费者认可它，才能实现它该有的价值。与此，创业者都会通过市场调研、消费者满意度等手段来获知消费者对自身产品的满意度，从而了解到产品在市场中的反映情况。

如表 5-12、图 5-13 所示，仅有 8%的初生创业者认为他们提供的产品或服务对客户而言是全新的，还有 85%的初生创业者认为他们提供的产品或服务至少对部分客户来说是新颖的。而 13%的新企业创业者认为他们提供的产品或服务对所有客户都是全新的，82%的新企业创业者认为至少对部分客户是新颖的。无论是初生创业者还是新企业创业者，很少认为其产品或服务对所有客户而言不具有新颖性。大体上，浙江省内创业者认为其企业所生产的产品或服务能带给客户一定的新颖性及独特性。

表 5-12　调查问卷(潜在客户对产品/服务新颖性与独特性的认识)

问　题	内　容
1G1	在潜在的客户当中，是所有人、部分人还是根本没有人认为该产品或服务具有新颖性和独特性？

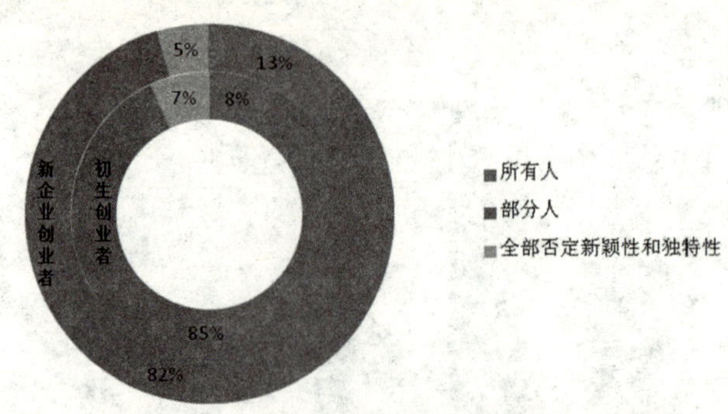

图 5-13 潜在客户对企业的产品/服务的新颖性和独特性的认识

5.5 企业信息系统使用情况

5.5.1 企业信息系统的持续使用意向

在“互联网＋”背景下，越来越多的创业者选择使用企业信息系统处理公司业务，所以这里分析已有创业者中 86 位已工作了 3 到 42 个月的创业者对企业信息系统的使用情况。创业者对企业信息系统的持续使用意向是创业者对企业信息系统持续使用行为的一种意愿，持续使用意向强度可反映持续使用行为概率。如表 5-13、图 5-14 分析统计了受访者对企业信息系统的持续使用意向。对于未来是否考虑使用新的企业信息系统，55 名受访者会考虑使用新企业信息系统，14 位受访者表示不太愿意考虑使用。对于未来创业中是否尽可能用企业信息系统，61 名受访者相对愿意，人数占比为 71％。同时，对于“是否同意在未来创业时认真考虑使用企业信息系统的可行性”这个问题，64 名受访者会认真考虑企业信息系统对企业发展的可行性，占比 74％。此外，对于未来创业时，是否认真考虑使用当前企业信息系统，63 名受访者认为未来将会认真考虑使用当前企业信息系统，即 73％受访者愿意继续使用当前企业信息系统。对于未来是否愿意使用新的信息系统，62 位受访者意愿相对较强，11 位受访者意愿相对较弱。数据表明了创业者对企业信息系统的使用意愿偏强，且基本保持理性头脑选择使用企业信息系统。

表 5-13　调查问卷(企业信息系统持续使用情况)

问　题	内　容
2UZB214	我预测在未来创业中如果有使用新的企业信息系统的机会,我将会使用
2UZB215	在将来我创业时尽可能用企业信息系统
2UZB216	在将来创业时我会认真考虑使用企业信息系统的可行性
2UZB217	在将来创业时我会认真考虑使用当前的企业信息系统
2UZB218	未来我愿意在创业中使用新的信息系统

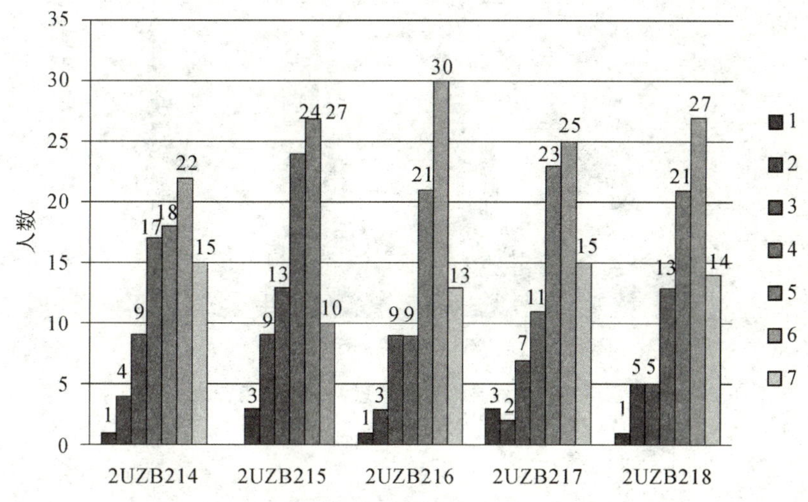

图 5-14　创业者对企业信息系统的持续使用情况

注明:分值越大,表明越同意。

5.5.2　企业信息系统的使用行为

创业者对企业信息系统的使用行为可影响创业者对企业信息系统的使用绩效。问卷通过 4 个题项分析创业者对企业信息系统的使用行为(如表 5-14、图 5-15 所示)。结果显示,54 位受访者认为其在创业过程中会花较长时间使用企业信息系统,18 位受访者对企业信息系统使用时间短。对企业信息系统的使用频率及使用强度相对较高的受访者有 53 位。56 位受访者对企业信息系统的依赖程度相对较高。数据显示,一半以上的被访创业者在创业过程中对企业信息系统的使用行为较高。

表 5-14 调查问卷(企业信息系统的使用行为)

问 题	内 容
2UZB206	总体来说,我在创业时经常都会花许多时间使用公司的信息系统
2UZB207	我在创业时经常会使用公司的信息系统
2UZB208	我在创业时使用公司信息系统的强度较高
2UZB209	总体来说,我在创业上依赖公司信息系统的程度较高

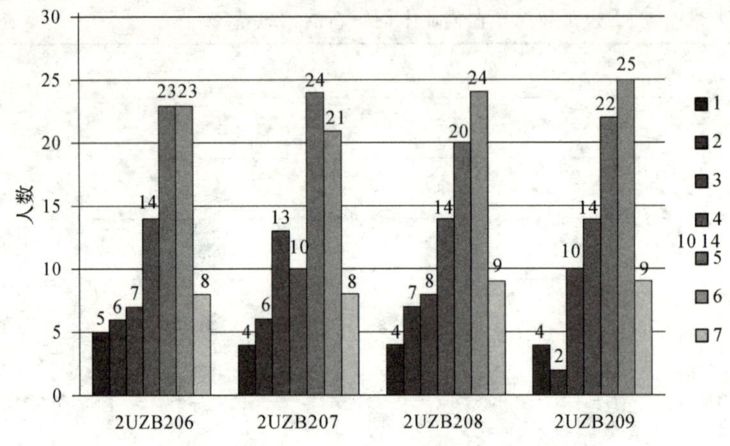

图 5-15 创业者对企业信息系统的使用行为

注明:分值越大,表明越同意。

5.5.3 企业信息系统使用绩效

企业信息系统在创业过程中对创业者产生的影响,直接反映了创业者对企业信息系统的使用绩效。问卷通过 4 个维度来测量创业者对企业信息系统的使用绩效(如表 5-15、图 5-16 所示)。就企业信息系统对创业者产生的创业效益影响性而言,59 名受访者认为企业信息系统对其产生的创业效益具有相对正向影响性。60 位受访者认为企业信息系统对其产生的创业效率具有相对正面影响性以及对其创业的重要性及价值性相对较高。58 位受访者认为在创业过程中值得使用企业信息系统。数据结果表明,一半以上的被访创业者对企业信息系统产生了较高的使用绩效。

表 5-15　调查问卷(企业信息系统使用绩效)

问　题	内　容
2UZB210	企业信息系统对我的创业效益有正面的影响
2UZB211	企业信息系统对我的创业效率有正面的影响
2UZB212	企业信息系统对我创业很重要而且很有价值
2UZB213	我在创业中使用企业信息系统是值得的

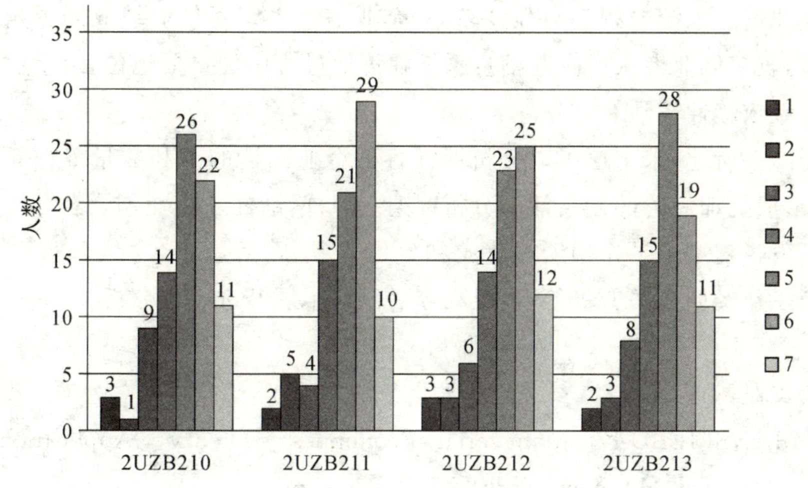

图 5-16　创业者的企业信息系统使用绩效

注明:分值越大,表明越同意。

5.6　结论与展望

根据对浙江创业中的创新分析,主要有以下结论。

第一,浙江早期创业者对创新认知程度较高,且企业创新意向较强。创业者购买及尝试使用新产品或服务的意向较高,同时,创业企业对未配置的新产品或服务具有较高的购买意向。

第二,浙江拥有新产品开发经验的创业者比率不高,主导创新活动的创业者更少。创新经验可以影响新产品或服务的开发效益,但调查结果并不乐观。

第三，浙江企业产品或服务所采用的主要技术或工艺新颖度还不够高。创业企业生产的产品或服务采用的主要技术或工艺的问世时间相对较长，采用问世不到一年的技术或工艺的产品或服务比重较小。

第四，浙江创业企业生产的产品或服务带给消费者的新颖性和独特性不够。绝大多数创业企业认为其潜在客户并不是都觉得产品或服务具有新颖性和独特性。

第五，浙江企业信息系统的受重视程度较高，创业者在创业过程中使用企业信息系统的频率与强度较高，企业信息系统对创业绩效的影响较明显，较多创业者认可企业信息系统在创业过程中的重要地位，对企业信息系统依赖性较强。

综上所述，未来还可以分析浙江各大企业申请的专利数量等创新行为，形成更加完善的创新活动分析框架。另外，浙江新企业创业者在新项目开发过程中主导作用明显优于初生创业者，原因是什么？是不是与创业者工作经验有关？等等，可以在今后调研中展开进一步分析。

参考文献

[1] MANSFIELD E. Managerial Economics: Theory, Applications, and Cased[M]. New York: W. W. Norton & Company, Inc, 1996: 35-37.

[2] NEGASSI S. R&D co-operation and innovation a microeconometric study on French firms[J]. Research Policy, 2004, 33(3):365-384.

[3] HITT M A, HOSKISSON R E, IRELAND R D, et al. Effects of Acquisition on R&D Inputs and Outputs [J]. Academy of Management Journal, 1991, 34(3):693-706.

[4] SOUITARIS V. External communication determinants of innovation in the context of a newly industrialised country: a comparison of objective and perceptual results from Greece[J]. Technovation, 2001, 21(1):25-34.

[5] ROMIJN H, ALBABADEJO M. Determinants of innovation capability in small electronics and software firms in southeast England[J]. Research Policy, 2002, 31(7):1053-1067.

[6] MARTIN F,ICEK A. Belief, Attitude,Intention and Behavior: An Introduction to Theory and Research [J]. MA: Addison-Wesley,1975.

[7] ICEK A. The theory of Planned Behavior[J]. Research in Nursing & Health, 1991, 14(2):137-144.

[8] ICEK A. Attitudinal and Normative Variablesas Predictors of Specific Behaviors[J]. Journal of Personality andSocial Psychology, 1973(27):41-57.

[9] 熊比特.经济发展理论[M].北京:商务印书馆,1991.

[10] 道德拉斯. 诺斯.经济史中的结构变迁[M].厉以平,译.上海:三联书店,1991: 185-186.

[11] 毕克新.中小企业技术创新测度与评价研究[M].北京:科学出版社,2006.

[12] 朱学冬,陈雅兰.创新型企业创新绩效评价研究——以福建省为例[J].中国科技论坛,2010,21(9):77-92.

[13] 张林.创新型企业绩效评价研究[D].武汉:武汉理工大学,2012.

[14] 高建,汪建飞,魏平.企业技术创新绩效指标:现状、问题和新概念模型[J],科研管理,2004,9:26-27.

[15] 陈劲,陈钮芬.企业技术创新评价指标体系研究[J].科学学与科学技术管理,2006,3:35-42.

[16] 李东进,吴波,武瑞娟.中国消费者购买意向模型——对 Fishbein 合理行为模型的修正[J].管理世界,2009(1):121-129.

[17]闫岩.计划行为理论的产生、发展和评述[J].国际新闻界,2014(7):113-129.

[18] 冯建英,穆维松,傅泽田.消费者的购买意愿研究综述[J].现代管理科学,2006(11):7-9.

[19] 李清政,白戈,于建原.顾客资产化概念的发展——理论发展综述与测量[J].管理世界,2009(7):182-183.

[20] 赵斌,栾虹,李新建,等.科技人员创新行为产生机理研究——基于计划行为理论[J].科学学研究,2013,31(2):286-297.

[21] 贺小刚,李新春.企业家能力与企业成长:基于中国经验的实证研究

[J].经济研究,2005(10):101-111.

[22] 顾桥,喻良涛,梁东.论创业者能力与企业成长的关系[J].科技进步与对策,2004,21(12):111-112.

第 6 章　浙江创业中的社会网络

“合作共赢”是经济学或管理学中经常出现的概念，任何事物在自然界中得以生存，都需要跟其他事物合作，否则只会被自然界淘汰，一家企业要想在竞争激烈的市场中得以生存亦需如此，即寻求资源并达成合作。创业者更需要识别和利用市场机会，获取并且利用有限的资源，提供给顾客满意的产品和服务，帮助企业走出生存困境。创业中的社会网络对于公司资源的获取和利用具有重要的意义，所以本章将从社会网络角度分析浙江创业中的社会合作情况。

6.1　文献综述

6.1.1　社会网络理论

网络这个词由来已久，德国社会学家齐美尔在《群体联系的网络》(1922)中首次使用了“网络”的概念。到了 1940 年，英国人类学家拉德克利夫-布朗首先提出了“社会网络”这个词。1957 年，英国学者伊丽莎白·伯特出版了社会网络研究的著作《家庭与社会网络：城市百姓人家中的角色、规范、外界体系》。1960 年左右，社会科学领域开始对社会网络进行研究。Mitchell(1969)认为，社会网络就是一种关系，是指人与人之间的正式与非正式的关系，它可以是直接的关系，也可以是通过共同的文化与物质环境形成的间接社会关系。Granovetter(1973)第一次提出了关系强度的概念，关系强度分为强关系和弱关系。强关系是在社会经济特征相似的个体间发展起来的，例如与家庭成员、朋友的联系。而弱关系是在社会经济特征不同的个体间发展起来的，例如与供应商或顾客的关系。他认为强关系会使得信息资源重复，不利于获得新的知识；弱关系可以带来不同的资源和信息，有利于个人和组织的发展，因此，弱关系在一定情况下优于强关系。Granovetter(1985)提出嵌入性理论，该理论认为社会网络结构会限制人们的行动。Burt(1993)深入研究了“结构洞”的理论，他认为，在社会网络结构中，两个人的联系必须要通过第三个人才能取得联系或者资源，那第三个人就是一个结构洞。结构洞是一个桥梁，网络中的成员通过结构洞可以获取自己想要的信息，而使得自己处于有利的位置。

国内对社会网络的研究最早可追溯为对“关系”的讨论。20 世纪 80 年代以后，社会网络理论迅速发展起来，并大规模应用到社会学、心理学及人类学中。将社会网络应用到经济管理领域日益成为研究热点，把社会网络与企业行为加以联系的研究也越来越多。姚小涛、席酉民(2008)认为社会行为者是嵌入于一个由非正式关系构成的社会网络之中，社会行为者的行为及行为结果受其所嵌入的社会网络的影响，因此，对于行为与行为结果的研究需要置于特定的社会网络之中，行动者之间的关系是资源流动的渠道，社会网络可以成为行为者实现其功利性或情感性目的的一个重要工具。

6.1.2 基于社会网络理论的创业研究

对于创业者而言，及时获取市场动态和顾客需求可以使公司尽快适应外界变化并采取相应政策，借助创业者网络关系获取外界资源是最直接的方式。Hite 等(2001)认为创业者要通过社会网络获取资源，网络特征也是处在动态变化中的，这种变化可以为企业提供信息和资源使得企业不断发展。Yiu 等(2007)认为，在转型经济时期，市场要素不发达，这个时候社会网络可以起到一定的替代作用，企业可以通过所处的社会网络获得产品设计、产品研发、资金获取和管理等方面的知识。朱秀梅等(2011)分析了在新企业初创阶段和早期成长阶段创业网络特征对资源获取的影响，将创业网络特征分为结构特征、关系特征、社会特征 3 个维度，将资源获取分为知识资源获取和资产资源获取，研究发现企业在不同阶段创业网络特征对资源获取有不同的影响。

借助于创业者网络，企业可以获得更多资源，而资源利用提高了创业绩效。如赵文红等(2013)发现,市场信息的获取正向影响市场信息的利用,而市场信息的利用对新创企业绩效有显著的正向影响。因此,创业者要不断开发自己的网络能力并维持与各方面的良好联系,迅速地获取市场信息以提高公司的决策效率和绩效。Warren(2004)指出小企业的生存能力主要取决于其动态管理和开发网络关系的能力。Gibb(1997)指出新企业需要正确处理与顾客、供应商、竞争者、政府机构、金融机构、行业协会、各类中介服务机构(如会计事务所、法律事务所等)以及亲戚、朋友和熟人之间的复杂关系。

在创业之初,与创业者具有强关系连接的家庭成员、朋友可以为创业者提供建议、资金、资源等的支持。正如 Larson,Starr(1997)发现,新企业与创业者家庭成员或朋友的强关系可以使新创企业获取更多的关键资源,从而建立新企业的合法性。更进一步,Bhide(2000)通过对 Inc. 500 的调查研究显示,家庭和朋友为创业者提供了比银行和风险资金更多的财务支持,促进新企业的快速生成。

6.2　分析思路

社会网络一般用结构特征来描述,Hoang 等(2003)认为,网络结构指网络成员之间联系的模式。网络结构一般用网络规模、网络强度、网络异质性、网络密度、网络地位等变量衡量。而社会特征也受到了学者的关注,社会特征主要包括人际、商业和结构网络 3 个方面。人际关系主要是指与朋友、家庭成员、同学的联系。Nguyend 等(2003)认为,商业关系是指商业主体之间的关系,比如创业企业与供应商、客户和竞争者等的关系。机构关系指新创企业与第三方机构之间的关系,比如政府机构、金融机构、大学及科研机构、行业协会、中介机构。

社会网络的本质就是人与人之间的联结,而不同的联结方式可以使网络中的人获得不同的资源。因此,创业者社会网络对公司获取资源具有非常重要的作用。

根据上述对社会网络理论的论述及分析,本章将创业者网络分为内部社会网络和外部社会网络。内部社会网络是指创业者团队内部形成的网络，外部社会网络指创业者及所在企业与其他企业或个人形成的社会网络。社会网络特征按照结构特征和社会特征来划分，其中结构特征用网络规模、网络强度、网络异质性来衡量，社会特征包括人际关系、商业关系、机构关系。

6.3 内部社会网络

6.3.1 管理者所有权

管理者所有权体现了网络规模。创业者在创业之初，会衡量自身资源能力的大小，以此选择是个人创业还是和其他人合伙创业，根据对浙江创业者的所有权情况的数据统计，如表 6-1、图 6-1 所示。

表 6-1 调查问卷（企业所有权情况）

问　题	内　容
1D1	对于创办的企业/生意，您个人是将完全拥有还是部分拥有该企业/生意？

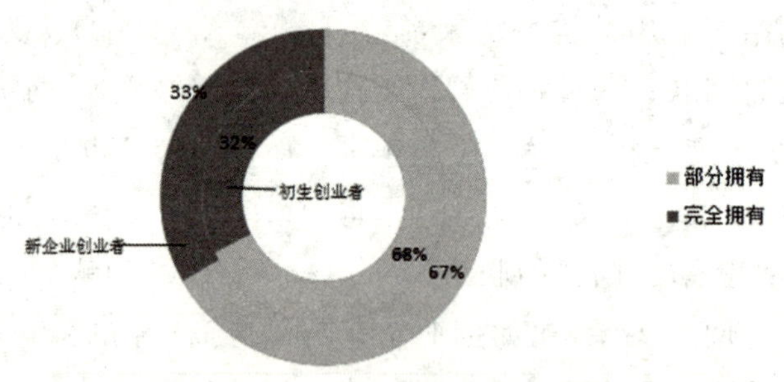

图 6-1 企业所有权情况

如图 6-1 显示，被调查的初生创业者中 68％部分拥有企业，32％是完全拥有；新企业创业者中，67％是对企业部分拥有，33％是完全拥有。这说明在创业初期，创业者为了减少风险，会选择和其他人合伙的方式来创建企业或者生意，在合伙创办企业的过程中，个人的网络联结起到了至关重要的作用。那么，所有权拥有者人数究竟是多少呢？对此，这里对初生创业者和新企业创业者的企业所有权拥有者数量进行统计分析。

如表 6-2、图 6-2 所示，初生创业者及新企业创业者所创办的企业大多是 2—3 个人同时拥有，少数是 4—15 个人拥有。对于这些创业者而言，小规模的创业团队可以使企业决策更加快速有效，在市场有所变动的情况下及时做出响应，而这些企业的灵敏度通常相对较高。

表 6-2 调查问卷(管理者中拥有所有权的人数)

问 题	内 容
1D2	多少人(包括您自己)会同时拥有并管理这家新企业/生意？人数________(记录确切数字，范围是 2—1 000。答案不能是不确定的区间值。如果被访者不确定，鼓励说出最接近的数值。)

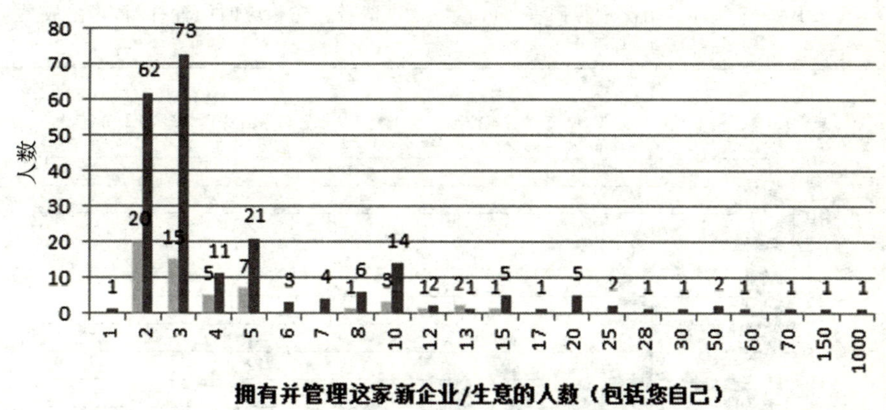

图 6-2 企业管理者中拥有所有权的人数

6.3.2 创业团队

创业团队工作经验的构成是网络异质性的表现。创业过程中，选择一个人创业的创业者需要具备管理、营销推广、采购等各大职能，而如果选择团体创业的创业者，可以与团队成员之间形成能力互补，这就是团队异质性。团队异质性可以提高团队创业的成功率。那么浙江创业团队能力究竟是否存在异同，能力是否能够达成互补，需要做出进一步分析。

(1)初生创业者

如表 6-3、图 6-3 所示，初生创业者各成员具备不同的工作经验，有人更偏重管理，而有人更偏重市场推广/营销/销售，但有个明显特点，除了成员 1 更偏向于整体管理能力外，其他成员更多偏向于营销/销售/市场推广，这是因为在企业刚创立时期，生存是最重要的，所以团队成员或多或少都扮演着营销/销售的角色。除此之外，创业者团队成员也具有其他各方面的经验，比如会计/成本控制/金融经验和人事管理经验，这说明创业者团队成员对各方面都有经验，可以帮助团队更好地开展各方面工作。

表 6-3　调查问卷(初生创业者的创业团队成员工作经验)

问　题	内　容
1UZB1	创业团队成员先前工作经验如何？请根据您所在创业团队的主要创业伙伴的情况进行回答。(出示示卡，请对方在相应的位置打圈，每个成员的经验类型可以多选)

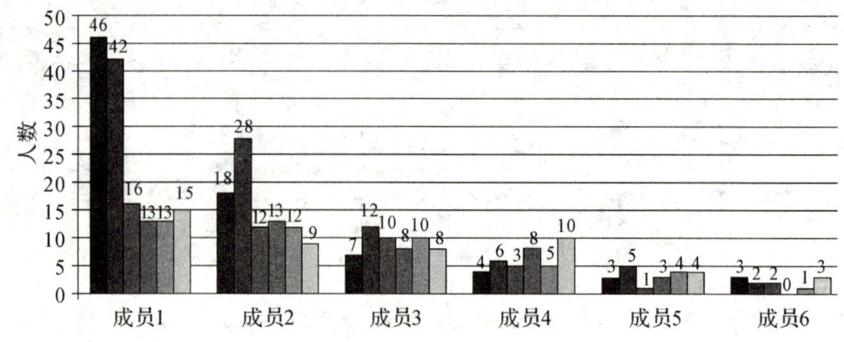

图 6-3　初生创业者的创业团队工作经验

(2)新企业创业者

如表 6-4、图 6-4 所示，对于新企业创业者来说，创业团队中有一个成员偏向于整体管理能力，其他成员更偏向于营销/销售/市场推广能力，并同时还具备会计/成本控制/金融、生产/采购管理、工程/研发、人事管理的经验。这说明，新企业创业者团队成员的经验都是多方面的，可以说是“通才”。其原因很可能是，当处于新企业创业阶段时期，企业管理(包括生产管理、人事管理以及工程/研发方面)都需要日趋完善，对创业团队成员的工作能力要求自然提高。

表 6-4 调查问卷(新企业创业者的创业团队成员工作经验)

问 题	内 容
1UZB1	创业团队成员先前工作经验如何？请根据您所在创业团队的主要创业伙伴的情况进行回答。(出示示卡,请对方在相应的位置打圈,每个成员的经验类型可以多选)

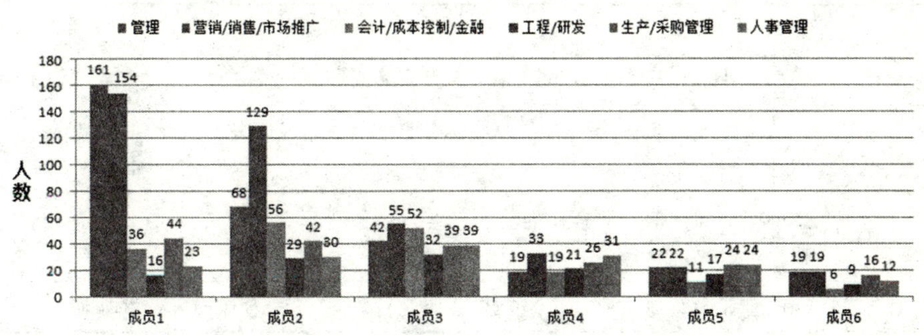

图 6-4 新企业创业者的创业团队工作经验

6.4 外部社会网络

6.4.1 企业与企业间的合作

企业之间的合作是外部社会网络中商业关系的体现,而合作强度则反映了网络强度。任何个人或者企业的发展都离不开与组织或他人的合作,在企业创立之初,创业者的人脉资源以及和其他企业合作的紧密程度会直接影响企业未来发展。从社会网络角度来说,企业所处的社会网络位置、网络规模以及网络强度对创业者获取资源都是至关重要的因素。因此,这里分别统计了初生创业者和新企业创业者与外界组织的合作紧密度。

如表 6-5、图 6-5 所示,在初生创业者中,选择与其他企业或组织合作的创业者中,有 67%—87%的人认为自身企业无论是与其他企业合作提供商品或服务,还是其他企业作为供应商为自身企业提供商品或服务,亦或是与其他企业合作向新客户销售商品或服务,又或是与其他企业合作来提高经营效率都保持紧密性。紧密的合作关系，可以使自身企业对其他企业有更深入的认识和了解，当市场需求发生变化的时候，也可以迅速调整方案，满足消费者的需求。因此，紧密的合作关系提高了自身企业的工作效率。

表 6-5 调查问卷（初生创业者、新企业创业者与外部组织的合作紧密度）

问 题	内 容
1SP1A	您的企业与其他企业或组织合作提供商品或服务，这一合作的紧密性如何？
1SP2A	其他企业或组织作为供应商为您的企业提供商品或服务，这一合作的紧密性如何？
1SP3A	您的企业和其他企业合作向您的新客户销售商品或服务，这一合作的紧密性如何？
1SP4A	您的企业和其他企业合作来提高您的经营效率，这一合作的紧密性如何？

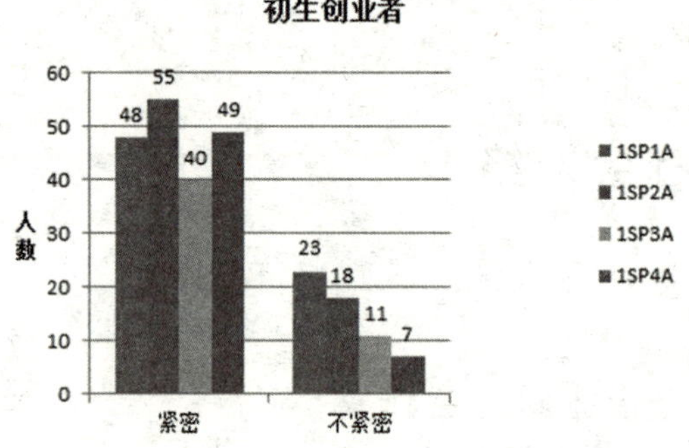

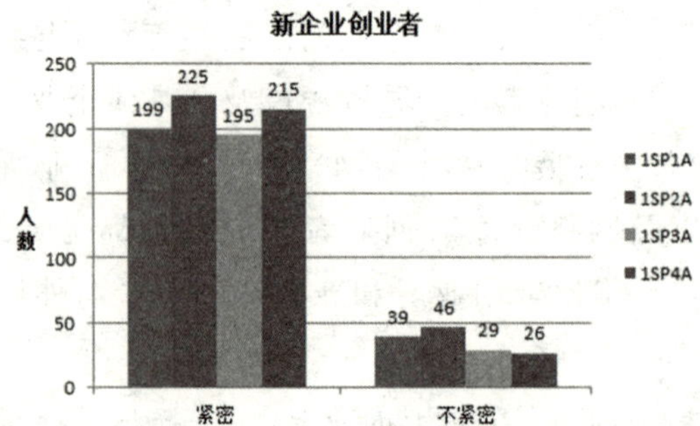

图 6-5 初生创业者、新企业创业者与外部组织的合作紧密度

在新企业创业者中，83%—89%的人认为与其他企业的合作是非常紧密的。新企业创业者会与其他企业紧密合作提供商品或服务，其他企

业也会作为供应商为自身企业提供商品或服务，自身企业也会积极寻找合作企业向新客户销售商品或服务，使自身商品更快进入市场，同时也会与其他企业合作来提高经营效率。对比初生创业者和新企业创业者可以发现，自身企业与其他企业的合作紧密性会更高一些，这说明，随着企业的不断发展，自身企业需要与其他更多的企业合作来开展自身的业务，使企业得到更快更好的发展。

6.4.2 企业与个人的合作

企业与个人的合作反映了社会特征中的人际关系、商业关系与机构关系，也体现了结构特征中的关系异质性。创业者网络对创业者具有非常重要的意义，那么有哪些人会为创业者的发展提供建议，哪些人对创业者的帮助最大？建议来源如表6-6所示，从表6-7，图6-6可以看出，不论是初生创业者还是新企业创业者，给予他们最多意见的主要是朋友，其次是父母。这是因为在社会生活中，朋友往往是最了解自己，也和自己最有共同话题的，他们提供的意见往往更能切合我们的想法。而父母，不论任何时候，都会提供中肯的建议和帮助。

表6-6 调查问卷(可供初生创业者、新企业创业者选择的建议来源)

a. 您的配偶	k. 研究人员或发明家
b. 您的父母	l. 潜在的投资者
c. 其他家庭成员	m. 银行
d. 朋友	n. 律师
e. 现在的工作同事	o. 会计师
f. 现在的老板	p. 咨询服务公司
g. 正在其他国家的人	q. 您合作的公司
h. 来自海外的人	r. 您竞争的公司
i. 正开始着企业/生意的人	s. 供应商
j. 有着许多开创新的企业/生意经验的人	t. 顾客

表 6-7 调查问卷(创业者开创新企业/生意的建议来源)

问 题	内 容
1T	不同的人给您的新企业/生意建议,您是否已经收到从下列方面来的建议?
2T	各种人可能为您提供过业务建议,去年您是否获得来自下列人的建议?
3T	很多人可能在您开创新的企业/生意时给您建议,您是否获得来自以下人的建议?

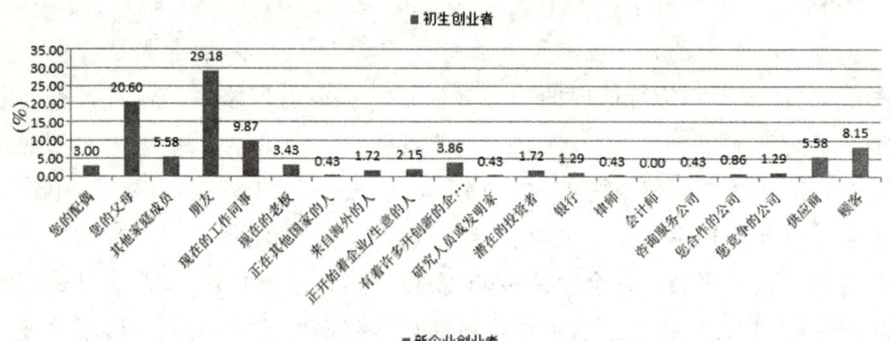

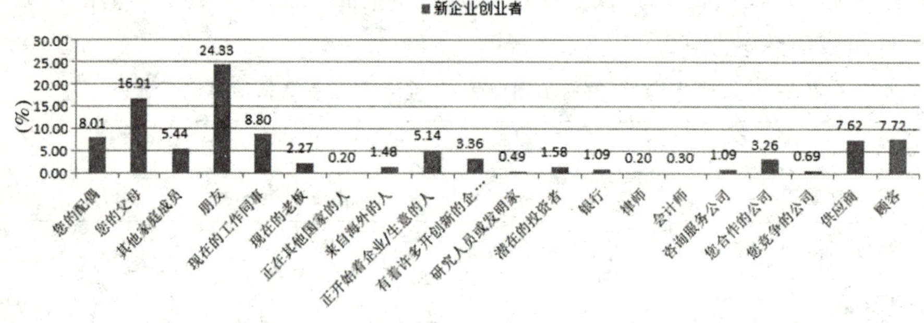

图 6-6 创业者开创新企业/生意的建议来源

6.4.3 个人与个人的合作

个人之间的合作是社会特征中人际关系和商业关系的体现。浙江经济发达,民间投资盛行。投资也是社会合作的一种方式。为了了解浙江省内民众如何利用闲散资金进行个人投资,研究者进行了3个问题的调查,并做出统计分析,如表6-8、图6-7所示。

表 6-7　调查问卷(受访者的投资情况)

问　题	内　容
4A	在过去 3 年中,您个人是否投资他人创立的新业务?(不包括购买股票或共同基金)
4B	在过去 3 年中,您个人投资他人创立的新公司的总金额大约是多少?(不包括股票交易或共同基金)

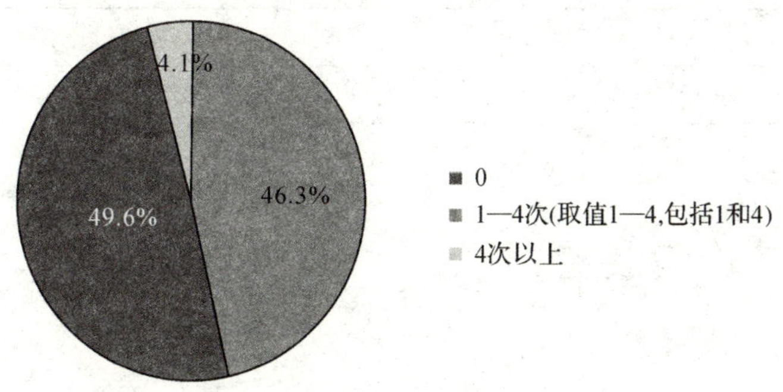

图 6-7　受访者的投资情况

如图 6-7 显示,大多数受调查者选择不会投资他人创办的新业务,只有 15%的人会投资他人创办新业务。而投资他人创办的新公司的人中,47%的人选择投入资金的额度在 1.1 万—10 万元,24%的人选择投资 10.1 万—100 万元,16%的人投入 100 万元以上。个人在投资他人创立的新公司时往往会考虑公司的发展前景、创业者的能力,还有很重要的一点是与被投资者的关系。

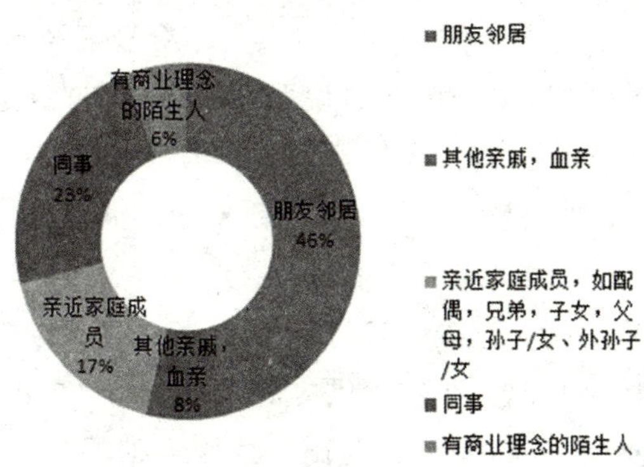

图 6-8　受访者与被投资人的关系

对于投资人与被投资人之间的关系，如表 6-9、图 6-8 所示。数据显示，投资人大多选择投资亲近朋友邻居、同事、家庭成员、其他亲戚或血亲（远亲）这些知根知底的人，对于拥有商业理念的陌生人只有极少数人选择投资，这侧面表明浙江省内投资关系建立在熟人基础上，而投资陌生人则需要一定评估能力，否则不会选择冒险投资。

表 6-9　调查问卷（受访者与被投资人的关系）

问　题	内　容
4C	获得您的最近一次投资的人与您的关系是什么？

6.5　结论与展望

6.5.1　结论

第一，在创业过程中，大多数浙江创业者会选择和其他人合伙创办企业/生意，而不是完全拥有该企业/生意。这样可以获得来自合伙人的知识和资源，还可以减少创业风险。

第二，浙江创业企业规模偏小。浙江创业氛围相对较浓，创业团队初期大多是由 2—3 人组成，形成的规模相对会偏小，这是浙江创业企业的基本情况之一。

第三，创业团队中最主要的领导者具有综合管理经验，而其他团队成员更多具有营销和销售的经验。这说明企业创立初期，生存是最主要的问题，团队成员或多或少都要担任营销或者销售人员的角色。同时，有些团队成员除具备主要经验外，同时还具备会计、生产采购、人事管理的经验，可以说，有些创业团队成员几乎是“通才”。

第四，浙江企业间合作关系良好。新企业无论是与其他企业合作提供商品或服务，还是其他企业作为供应商为自身企业提供商品或服务，亦或是与其他企业合作向新客户销售商品或服务都保持紧密性，从而促进两者之间的业务合作发展，实现双赢局面。

第五，浙江创业者更多与周边熟悉人员达成双向合作。在创业过程中，创业者会收到来自朋友、父母以及现在的工作同事的建议，这些建议对创业者提供很大的帮助。同时在自己资金有所闲余之时，创业者也会对朋友邻居、同事以及亲近家庭成员进行投资，使他们的新业务得到更好的发展。

6.5.2 展望

第一，浙江创业团队规模相对较小，那么小规模的创业团队对于公司风险型决策的影响是怎样的？同时，小规模的创业团队对于公司创新会产生什么样的影响？

第二，在对团队的研究中，团队异质性是个重点关注的问题，本次受访的创业团队也体现出了团队异质性，而且有些团队成员拥有各种工作经验，可以说是个“通才”。那么，创业团队每位成员多样的工作经验对于公司的创新或者绩效会有怎样的影响？

第三，本章把浙江创业者的社会网络分为内部网络与外部网络，对创业者的网络规模、网络异质性进行了分析，但是对网络连接强度分析不足，例如：弱关系以及强关系对企业成长的影响，后续仍需要进行这方面的调查和分析。

第四，浙江创业者所拥有的社会网络与其所应该承担的社会责任、所拥有的企业家特质、所能带来的企业绩效等因素的关系，后期也可以进一步做出实证分析。

参考文献

[1] MITCHELL J C. Social networks in urban situations analyses of personal relationships in central African towns [J]. American Journal of sociology, 1972, 78:19-21.

[2] GRANOVETTER M S. The strength of weak ties[J]. American Journal of Sociology,1973,78(6):347-367.

[3] GRANOVETTER M. Economic action and social structure: The problem of embeddedness[C]//1985:481-510.

[4] BURT R S. Structural holes: the social structure of competition [M]. Cambridge, Mass: Havard university press, 1995.

[5] HITE J M, HESTERLY W S. The evolution of firm networks: from emergence to early growth of the firm [J]. Strategic Management Journal, 2010, 22(3): 275—286.

[6] YIU D W, LAU C M, BRUTON G D. International venturing by emerging economy firms: the effects of firm capabilities, home country networks, and corporate entrepreneurship[J]. Journal of International Business Studies, 2007, 38(4): 519-540.

[7] WARREN L. A systemic approach to entrepreneurial learning: an exploration using storytelling[J]. Systems Research and Behavioral Science, 2004, 21(1): 3-16.

[8] GIBB A A. Small firms' training and competitiveness-building upon the small business as a learning organization[J]. International Small Business Journal, 1997, 15(3): 13-29.

[9] LARSON A, STARR J A. A network model of organization formation[J]. American Journal of Obstetrics & Gynecology, 1997, 176(1): 1071-1078.

[10] BHIDE A V. The origin and evolution of new businesses[M]. Oxford University Press, 2000: 52-67.

[11] HOANG H, ANTONCIC B. Network-based research in entrepreneurship: a critical review [J]. Journal of Business Venturing, 2003, 18(2): 165-187.

[12] NGUYEN T V, CLAIRE L, BRYANT S E. The social dimension of network ties between entrepreneurial firms: implications for information acquisition [J]. Journal of Applied Management & Entrepreneurship, 2003, 8.

[13] 马汀·奇达夫，蔡文彬. 社会网络与组织[M]. 北京：中国人民大学出版社，2007：1-39.

[14] 费孝通. 乡土中国生育制度[M]. 北京：北京大学出版社，1998.

[15] 姚小涛，席酉民. 管理研究与社会网络分析[J]. 现代管理科学，2008(6)：45-48.

[16] 朱秀梅，李明芳. 创业网络特征对资源获取的动态影响——基于中

国转型经济的证据[J].管理世界.2011 (6):105-115.

[17] 赵文红,孙万清,王垚.创业者社会网络、市场信息对新企业绩效的影响研究[J]. 科学学研究,2013,31(8):1216-1223.

第 7 章　浙江创业失败

创业活动对于国家的经济社会发展、就业水平和创新能力具有重要作用。但是，创业并不意味着成功，由于创业过程中面临大量的不确定性和风险，创业者会经历许多失败，即使是最成功的企业家也难以避免失败的困扰。学术界可以通过研究创业失败，使创业者尽可能有效避免失败，降低创业企业面临的风险，提高成功可能性。

本章对浙江已有创业者、中止创业者的创业失败状况进行了调查研究，主要涉及创业失败次数、失败企业所属行业和创业失败的原因等方面。另外，针对曾经经历过创业失败的已有创业者，还对其创业失败与再创业的时间间隔、再创业原因、从失败中学习到的知识的应用，以及再创业产品创新性、竞争性、技术领先性、企业成长性和创业类型加以分析。

7.1　文献综述

7.1.1　创业失败的定义

学者们从不同视角对创业失败做出了不同的定义，这些定义与他们研究的问题相一致。根据现有文献，可以把创业失败定义归纳为 3 种：第一，结果观。将创业失败（Business Failure）定义为企业关闭（Business Closure），是指当企业的收入大幅度下降或是企业的费用大幅度上升，并且无法获得新的融资，导致在当前产权和管理条件下无法继续运营的状况，常用指标有破产与倒闭（Shepherd，2003；Beaver et al.，1996；Mc Grath，1999；Shepherd，2009；Ucbasaran et al，2009）。第二，原因观。强调在定义创业失败时应该对创业失败的原因加以说明，Torgrimson 等

(1992)将创业失败定义为企业由于各种原因,包括法律问题、合作伙伴之间的矛盾、死亡或是创业者兴趣转移等问题,导致企业无法继续经营(Watson et al. , 1993)。第三,期望观。认为企业经营偏离预期或期望的结果即可视为是创业失败(McGrath,1999;Cannon et al. ,2001;Politi et al. , 2009; Ucbasaran et al, 2010;于晓宇,2011)。由于结果观和原因观过于片面,结果观将本不应归为创业失败的企业,如自愿退出、成熟企业的失败等纳入研究范围,原因观中对失败原因的阐述过于具体,如因财务而导致的失败、因法律纠纷或经营方式有误导致的失败,这不具有普适性;而期望观又过于主观化,不同创业者的创业目标(期望)有很大差异(如维持生存、增加收入、声誉、实现梦想等),因此难以统一创业失败的界定。

Shepherd(2014)对创业失败的定义进行了完善,他认为创业失败是指终止一项未能达到其目标价值的行动,并指出何时决定终止这个行动颇具挑战,但若能把握时机,失败能带来良好的效应。因此,本章将创业失败定义为企业在经营过程中入不敷出,且不能获得新的投资,使得企业无法继续经营。

7.1.2 创业者类型

基于已有文献,本研究的主要对象是初生创业者、中止创业者、已有创业者(新企业所有者和成熟企业所有者),如图 7-1 所示。

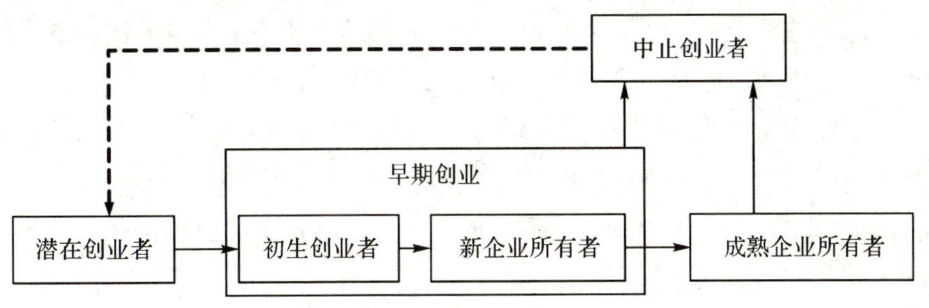

图 7-1 创业者类型

资料来源:Singer S,Amorós J E,Arreola D M. Global Entrepreneurship Monitor 2014 Global Report [R]. London Global Entrepreneurship Research Association,2014:23—24.

7.1.3 创业失败的影响

就创业失败的影响而言，可以把学者们的观点分为消极观与积极观。

持消极观点的学者认为，创业失败经历会使得创业者对再创业的意向有消极的抑制作用。Shepherd(2002)认为，失败所产生的负面情绪可能会对其再创业意向产生消极影响，削弱创业者进行后续创业活动的动力。Cope(2011)提出失败所产生的社会成本和财务成本，很有可能会打击创业者的情绪和再创业动机。当经历多次失败后，创业者可能会失去信念和信心，变得没有斗志对抗逆境(Brunstein et al.,1996)，特别是心理素质较差的创业者，会因为受不了失败的打击而长期处于消极、自卑、沮丧的情绪中，即带来很大的情绪成本，使得创业者的再创业意向薄弱，且创业活动也更加保守(Wright,2013)。

持积极观点的学者则主张，创业失败经历对于再创业意向有积极的促进作用。当经历一次失败时，创业者通过反省发现自己的不足，认为自己能够做得更好，因此，对于克服困难、迎接挑战会变得更有动力和激情(Mc Grath,1999)。Cardon 等(2011)指出，经历了失败的创业者并不缺乏自信，也不会在创业机会前不敢有所行动，相反，与具有成功经验的创业者相比，他们的自信和创业激情相差无几甚至更多，因为失败的经历使得他们将失败看成是创业的入场费，并不影响他们继续追逐创业成功的动机。Ucbasaran(2010)也指出，有失败经历的创业者会更加客观地认识创业活动的过程，进行并参与后续创业活动的积极性有所增强，在将来的创业活动中更加努力。Hayward 等(2010)从信心的角度，探究了自信的创业者在失败之后更容易再次创业的原因。Jenkins 等(2011)认为创业者在经历失败之后，对自己进行反思和学习，对产生再次创业意向有积极的促进作用。但这类创业者的再创业行为会非常谨慎，对任何一点的风险和不确定，他们都会特别在意(Zacharakis,1999;Vanhonacker,2014)。

7.1.4 创业失败归因

归因理论最早是由奥地利社会心理学家海德在 1958 年提出的，在其后的理论发展过程中不断涌现出新的理论，比较著名的有阿布拉姆森等的归因理论、凯利的三维归因理论以及琼斯和戴维斯的对应推断理论等。

归因理论通过个体解释和说明事件来描述假设过程，对事情为什么会发生做出因果解释。对于创业失败的归因是创业失败经历研究中的重要组成部分，大量理论研究证明创业活动的失败原因是综合性的(Stokes et al.,2002;Headd,2003)。学术界普遍采取 Cardon 等(2010)的分类方法，将创业失败归结为内部原因(内因)和外部原因(外因)。个体在失败后越倾向于将结果归咎于自身的因素，则其归因方式为内部归因，如商业模式/计划不适、管理失误、内部预期不现实、过度自信、财务管理失误和创新能力弱等;反之则为外部归因，如市场压力大、外部融资困难、财务上的突发事件、进入时机过早和外部预期不现实等。

对于创业失败原因，并没有达成一致的意见。例如，Zacharakis (1999)的研究发现创业者会将失败归于内因，而风险投资者则归于外因(Mantere,2013);Franco,Haase(2010)认为大多数创业者将失败归为外因;Cardon 等(2011)则认为创业者把其创业失败归因为外部原因或者内部原因，会受到当地文化的影响。

综合而言，可以用如表 7-1 所示总结以往研究中创业失败的主要原因。

表 7-1 创业失败原因

创业失败原因		学 者
内部原因	财务问题	Bruno(1988);Cardon(2011);Zacharakis(1999)
	内部管理问题	Bruno(1992);Gaskill et al.(1993);Cardon(2011);Zacharakis(1999)
	企业成长或过度扩张问题	Gaskill et al.(1993)
	商业模式问题	Cardon(2011)
	创业者过度自信	Hayward et al.(2006);Cardon(2011)
	战略问题	Van Gelder(2007)

续 表

创业失败原因		学 者
外部原因	激烈的市场竞争	Cardon et al.（2011）;Gaskill et al.（1993）
	融资问题	Bruno（1988）;Cardon et al.（2011）
	市场规模或成长问题	Zacharakis et al.（1999）
	新进入缺陷	Venkataraman et al.（1990）; Shepherd（2000）
	外部环境的支持	Dorsey（1979）;Carter et al.（2006）

资料来源：胡丽娜，张骁. 国外创业失败研究综述[J]. 技术经济，2012，31（6）：60-65.

7.1.5 再创业进入时间

再创业是指具有创业经验的创业者继续投入财力、物力和精力来再次创立新企业的一种行为。先前的经历对于创业意向以及后续创业活动产生很大的影响，Gupta（2005）认为失败是发现新机会和提高业务流程的“垫脚石”，因此失败提高了创业者未来成功的可能性（Sarasyathy et al.，2002）。

创业失败后，很多创业者会选择再次创业，但其再次创业时间和上次创业失败时间之间的间隔对创业成败存在显著影响。如果再创业进入时间不当，可能会由于创业者上一次创业失败的阴影仍然存在，不能及时识别和客观评价市场机会和妥善经营管理等原因，而致使其再次创业的成功概率下降（Yamakawa，2015）。

Cohen，Levinthal（1989，1990）发现环境当中的一些因素会使行为人的学习能力增强，而另一些因素则会使行为人的学习能力下降。Shepherd（2009）研究指出，影响创业者再次创业的进入时间的因素有：创业者需要学习的内容的多少、学习的速度快慢、其他人所总结出的信息是否比他自己所拥有的信息对他再次创业更有价值。他指出，相对于其他人，当创业者学习到的内容越多、学习速度越快和学习的知识越有价值时，创业者就会加快再创业的步伐。又因为是否从以往经历中进行充分学习是行为人的一种主观的感受，会受到创业者自我认知的影响，故创业者的自我认知必将影响其再次创业的进入时间。

创业失败归因和再创业进入时间之间存在相互关系（Yamakawa，

2015)。把失败归因为外部的创业者认为,创业失败是由于外部不可控因素而不是自身能力造成的。因此,倾向于外部归因的创业者将会从外部因素中获取学习内容,同时将失败归结为之前失误与运气不佳,现在的成功是理所当然的(Smith,2011),而且能够更快地处理失败带来的后果和维持原有的自信(Luthans e al. ,2004;Weiner,1985),从而加快再次创业的步伐(Jenkins,2012),即再次创业时间和上次创业失败时间之间的间隔缩短。相反,内部归因的创业者则会认为导致失败是由于自身能力不足或者是创业模式的选择问题,其自我效能感相对就会比较低(Jenkins,2012;Jenkins et al. , 2014)。他们会将通过学习获得的成功结果与自己的努力和实力联系起来,将这些可以改变的失败因素在后续项目实践中进行不断修正和完善(Smith,2011),再次创业时便会对之前的创业行为重新思考,而选择其认为更有可能成功的模式。同时,由于其思考学习时间较长,其再次创业时间和上次创业失败时间之间的间隔就相对变长(李富,2014)。

7.1.6 创业失败学习

失败学习行为的概念起源于经验学习理论,是指组织打破旧行为模式,建立新行为模式的过程。Corbett(2007)认为从创业开始到创业以失败而告终的整个过程,形成了一个完整的创业失败学习过程,它是创业实践学习的一种,也是最为有效的学习方式之一。

创业失败学习是通过调整行为方式对内、外部的失败经历进行集体反思,降低未来遭遇类似失败境遇的几率,从而提升组织成长绩效的过程(胡洪浩 等,2011)。Cope(2005)指出,从创业失败中进行学习主要基于创业者的亲身体验,包含人为的描述和塑造,这些描述和塑造来自人们对发生在自己身上之故事的回忆,来自对所取得成果的肯定,还来自对失败的认识和应对,创业学习的内容则来自这一些先前经验,学习成效也是基于对经验的解码。

对创业新手而言,创业失败是非常重要的非正式创业教育。创业失败学习模式是指创业者分析企业经营中的失败原因,从失败中充实新企业管理知识的方式(Shepherd,2009)。Politis(2005)在 March(1991),Minniti 和 Bygrave(2001)研究论述的基础上,结合企业的失败事件,将学习模式分为探索和利用两类，其中，利用模式涉及到组织或个体开发那些已经知道的方法进行改良，即通过利用先前的确定方法从失败经验中实现学习的方式。因此，“利用”指的是在失败经验中实现可靠性的实践方式，也就是说，稳定的行为成了企业和创业者进行失败学习的主要状态。与利用模式不同，探索模式是关于在失败经验中创造变异，包括使用新的技术、方法，进行新的实验、实现摸索和创新等，因此，“探索”意味着组织或个体通过搜索新的可能性来学习，其不断变化的行为成了学习者进行失败学习的主要状态。另外，一些学者认为归因对学习的影响应当结合其他一些个人特征来考察，如态度、认知、情商等因素（Cardon，1999；Cope，2011）。

从失败中学习是一种普遍性的经验学习，它源于创业失败的真实经历。Cope（2009）首次将创业学习内容进行分类，包括自我学习、商业学习、环境与创业网络的学习、小企业管理学习、关系本质与管理的学习等5个部分。Cope（2011）进一步分析创业失败情景下的学习内容，精炼了创业失败学习的分类，并提出创业者对自我的重新认知（自我学习）是创业失败学习的核心特征。与 Cope 不同，Schutjens 等（2006）将创业失败学习内容分为内部学习与外部学习，其中内部学习是与新创企业创建、管理和关闭等任务相关的创业知识，这与 Cope 关于商业学习、网络与关系学习以及新企业管理学习 3 个方面学习内容的定义基本一致；外部学习是关于创业机会识别和创业警觉性的知识学习。

从整体来看，创业失败学习主要包括三方面内容：第一，学习与机会相关的知识，如识别新机会、准确理解新机会的价值，以及保持创业的警觉性（Schutjens et al.，2006）；第二，学习与资源管理相关的知识，如管理利益相关者的知识（Cope，2011），这会有助于在后续创业中提高资源获取的可能性；第三，学习与团队相关的内容，对于新创公司，创业者及其团队异质性对于加快公司创立进程和提高公司绩效尤为重要（张玉利，2011；Politis，2009）。此外，创业失败学习不仅提升了创业者所掌握的知识和技能，也会对创业者的心态产生影响，即使没有从先前经历中学习到足够多的知识，创业者在再次创业时也会更加自信（Hayward et al.，2006；Jenkins，2012）。

7.1.7 创业失败烙印

烙印(Stigma)的概念由美国著名社会学家Gofffan在1963年首次提出的,这之后社会学家及心理学家对其进行了相关研究,创业领域也不例外。烙印包括"标签、刻板印象、隔离、地位丧失和歧视"等元素(Link et al.,2001)。传统上,社会通常把企业失败或破产归因于个人失败,例如过度消费、过度玩乐和对金融不负责,据此对其产生偏见和歧视行为(Efrat,2003),从而使创业失败者产生创业失败烙印(Cardon,2011)。因此,创业失败烙印是指创业者由于失败的创业遭到了社会群体对其消极的刻板印象,是烙印施加者和烙印承受者相互作用以及烙印承受者内部心理能动的过程(侯亮 等,2016)。

通过文献整理,可以发现创业失败烙印主要分为3部分内容,即自我烙印、组织烙印和社会烙印。自我烙印是指个体同意并应用社会对其所持有的负面看法(Corrigagn,2010)。组织烙印所针对的主体是一个组织,而不是组织中的某一个成员或某些成员的集合,即某个组织被社会大众贴上了不被信任和有较大缺陷的标签(Devers et al., 1980),这是社会对组织的一种消极评价,并且依赖于情景,一种情景下导致烙印的特征在另一种情景下则可能是中性甚至积极的。社会烙印是社会对其印象所持有的偏见和歧视,对于个人生活的许多领域有重要影响,例如收入、住房和健康(Link et al.,2001)。

研究发现,当社会公众认为是外因导致的创业失败,例如经济衰退、缺乏政策支持和通货膨胀等,这样的失败是为社会所接受的(Efrat,2006)。媒体、政府和法律对创业失败者的社会烙印产生重要作用,当媒体报道更多的破产实例,法律给予创业失败一个中性的标签,人们开始认为破产是常见的,并变得更加宽容(Lee et al., 2007)。Lee等(2011)调查了世界各地的破产法律是否影响了创业发展的程度,发现更宽松和企业家友好型的破产法和创业发展的程度显著相关。Damaraju等(2010)还指出,烙印对创业冒险的影响在集体主义文化和个体主义文化下有显著的差异,集体主义文化有更少的宽容、更大的失败烙印和较少的创业冒险的可能性。如果社会对创业失败的人存在偏见,这会使创业失败者产生更为消极的情绪(Cardon et al., 2011)和抑制其再创业意向(Cope,

2011；shepherd et al.，2011）。

通过对以往文献进行回顾和总结，可以看出，现有研究对于创业失败的定义、归因和从失败中学习等方面都开展了相应研究，这为进一步深入调查浙江创业企业的创业失败特征奠定了良好基础。本研究将针对不同类型的创业者，从失败特征、失败归因、失败学习等方面，对浙江企业创业失败进行调查研究。

7.2 浙江创业失败的数据分析

本章讨论的是浙江创业失败状况，因此只考虑曾经有过创业失败经历的人群，即已有创业者、中止创业者这两部分。在本次调查中，共调查了已有创业者127名，包括新企业所有者和成熟企业所有者，其中有失败经历的有65名；中止创业者共151名，其中有失败经历的有112名。在计算问卷题项时，不考虑拒绝回答或回答不知道的样本。

7.2.1 已有创业者

(1)创业失败次数

创业者必然面临创业失败的高风险，首次创业便得到期望中的成功的案例少之又少，即使是阿里巴巴的马云也是经历了多次创业失败后才获得今天的成功。失败可以加深创业者对自身、对创业的认识，从而在后续创业中不断改善企业的经营与管理。但是并不是说失败的次数越多越好，创业失败次数越多，也可能会造成创业者更大的经济和精神负担，降低创业激情和自我效能感。

在浙江已有创业者中，未曾经历过创业失败和经历失败次数在1到4次的范围内的成人比例相当，分别占比例46.3%和49.6%，很少有成人失败次数在4次以上，此类比例仅占4.1%(见图7-2)。在有经历过创业失败的已有创业者中，由于失败过4次以上的创业者并没有说明其失败的具体次数，所以仅考虑了失败过1到4次的创业者，根据调查所得的有效样本60人提供的曾经创业失败次数，得出浙江已有创业者的平均失败次数为1.63次。如表7-2、图7-2所示。

表 7-2　调查问卷(创业失败次数)

问　题	内　容
2VZB1	你先前所经历的创业失败次数是多少?

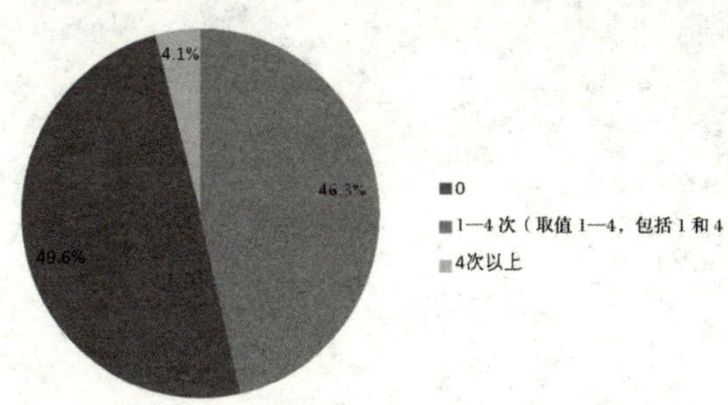

图 7-2　已有创业者创业失败次数

在浙江已有创业者中,无创业失败经历和有创业失败经历的创业者比例相当,且平均失败次数高于 1 次,说明一定限度范围的创业失败次数并不会严重打击创业者的创业激情,相反,创业失败为创业者积累人生阅历的同时,也促进其从失败中进行学习,从而为再次创业创造条件(Watson et al,2007)。

(2)创业失败与再创业的时间间隔

如果创业者将创业失败看作是自我反省和思考的机会,从长远角度看,这将产生积极的结果,在其再创业的时候,这将对企业经营与管理大有裨益。很多创业者在经历失败后仍然会选择继续创业,但他们再创业的时间间隔选择存在不一致性。如表 7-3、图 7-3 所示。

表 7-3　调查问卷(创业失败与再创业的时间间隔)

问　题	内　容
2VZB2	从你最近一次创办的企业停止经营到新创办当前这家企业,中间间隔多少个月?

在浙江已有创业者调查中,有 52.5%的创业失败者会立即展开下一轮的创业活动,也就是从最近一次创办的企业停止经营到新创办当前这家企业之间没有间隔时间。许多曾创业失败过的已有创业者选择在失败后个人调整一段时间,而不是立即进行下一次的创业,比例占 47.5%,其

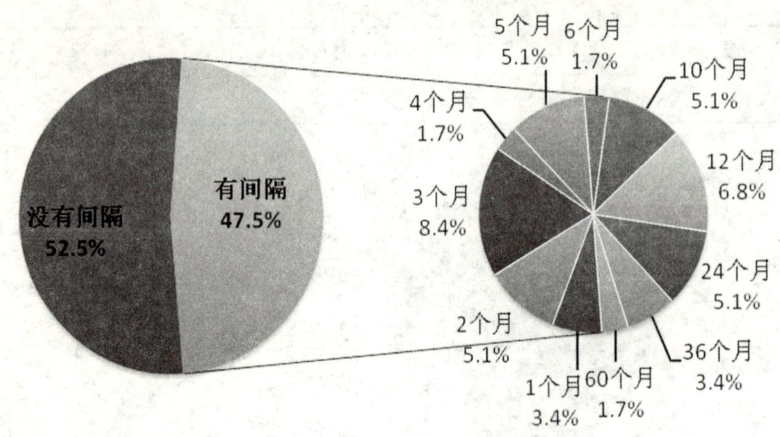

图 7-3 创业失败与再创业的时间间隔

创业失败与再创业的时间间隔平均约为 11.79 个月，这些人只是将失败看作在持续创业过程中的短暂阶段，作为学习和提高自我意识的来源。可见，创业者在经历上次创业失败后的个人调整时间不相同，当创业者从失败的经历中吸取经验和情绪及时恢复，或者外界对其失败的经历存在较少或者没有偏见，这会加强创业者再次创业行动力。

（3）失败企业所属行业

从对浙江有创业失败经历的已有创业者调查来看，如表 7-4、图 7-4 所示。18.5%的创业者最近一次创业失败所处行业是零售业，所占人数比例最大；其次是消费服务行业和交通运输业，所占人数分别为 16.9%和 13.8%，餐饮业、制造业、房地产业的失败者均占总人数的 10.8%（见图 7-4）。另外，在已有创业者中，选择建筑业和除上述行业外的其他行业的失败者均占总人数的 9.2%。可见，大多数创业者都是选择零售、餐饮和消费服务业，一方面，这是因为这些行业的起点低，对于创业的资本及技术要求并不太高，另一方面，这也反映了创业者们规避风险的倾向，即使遭遇创业失败，他们所要承受的财务成本、情感成本和社会成本（Shepherd，2013）相较于其他行业也较低。

表 7-4 调查问卷（失败企业所属行业）

问　题	内　容
2VZB3	最近创业失败的企业属于的行业是什么？

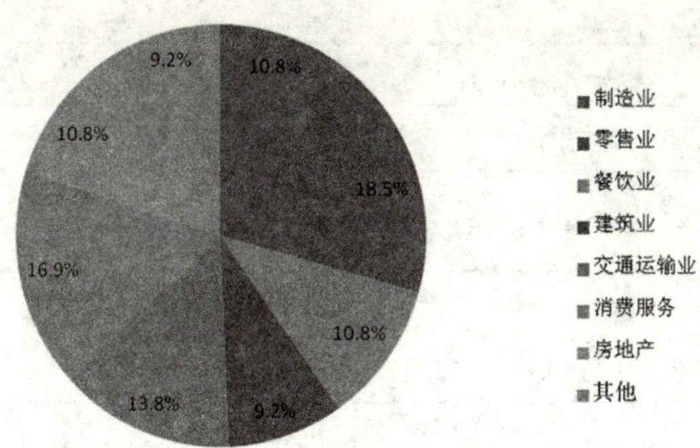

图 7-4　失败企业所属行业

(4)创业失败原因

为了从创业失败中学习到更多有用知识,思考创业失败原因就显得尤为重要,而创业企业失败的原因是复杂的。总体来看,创业失败者认为其创业失败的最主要原因是缺乏管理知识,约占 14.9%,其次是资金短缺,约占 13.8%,再次是缺乏发展战略或者战略不清晰和缺乏人才,均约占 10.8%,认为缺乏产品开发/营销技能的约占 10.3%,由于企业外部环境不确定性太大、个人身体健康问题、家庭原因及其他原因导致创业失败,其占比分别为 5.6%、5.1%、2.6%和 1.0%。如表 7-5 所示。

表 7-5　创业失败原因

		N	百分比(%)
先前创办的企业失败的主要原因	缺乏产品开发/营销技能	20	10.3
	缺乏发展战略或者战略不清晰	21	10.8
	资金短缺	27	13.8
	缺乏管理知识	29	14.9
	缺乏创业技能	16	8.2
	竞争激烈导致市场规模下降	17	8.7
	顾客消费需求的改变	16	8.2
	缺乏人才	21	10.8
	企业外部环境不确定性太大	11	5.6
	个人身体健康问题	10	5.1
	家庭原因	5	2.6
	其他原因	2	1.0

续 表

	N	百分比(%)
总计	195	100.0%

表 7-6 调查问卷(创业失败原因)

问 题	内 容
2VZB4	先前创办的企业失败的主要原因有哪些?

通常内部归因的创业者倾向于回顾先前自身所出现的错误,并考虑在之后的实践中做得更好(Baron,2004;Sitkin,1992),本调查中已有创业者认为导致曾创业失败的内因主要有缺乏产品开发/营销技能、缺乏发展战略或者战略不清晰、资金短缺、缺乏管理知识、缺乏创业技能、缺乏人才和个人身体健康问题,其占比分别为 10.3%、10.8%、13.8%、14.9%、8.2%、10.8%、5.1%;而外部归因的创业者更多关注的是分析先前失败中的不利因素(Yamakawa et al., 2010),本调查中已有创业者对其曾创业失败原因归为外因的主要有竞争激烈、顾客消费需求的改变、企业外部环境不确定性太大、家庭原因和其他原因,其占比分别为 8.7%、8.2%、5.6%、2.6%、1.0%。从失败的内因和外因来看, Mandl 等(2016)调查发现在母语为英语的国家中,有 54.1%的创业者将其创业失败归为内因,有 45.9%的创业者将其失败归为外因;而浙江创业者更多的是将其失败归为内因,比例约为 73.9%。可见,浙江创业者在寻找之前创业失败的根源往往会趋向于从自身存在的问题入手。

(5)创业失败后的再创业原因

已有创业者在创业失败后选择再创业的最主要原因是寻求自主权和对创业有热情,约各占 15.4%,第二是梦想成为企业家,约占 14.6%,第三是为了获得更高的经济收入和报酬,其比例为 13.8%。少部分已有创业者选择再创业的原因是由于其他工作中存在不公平和没有其他更好的选择,它们占比分别为 2.3%和 5.4%。如表 7-6、图 7-5 所示。

表 7-6 调查问卷(创业失败后再创办新企业的原因)

问 题	内 容
2VZB5	经历先前创业失败后,现在另外创办新企业的原因有哪些?

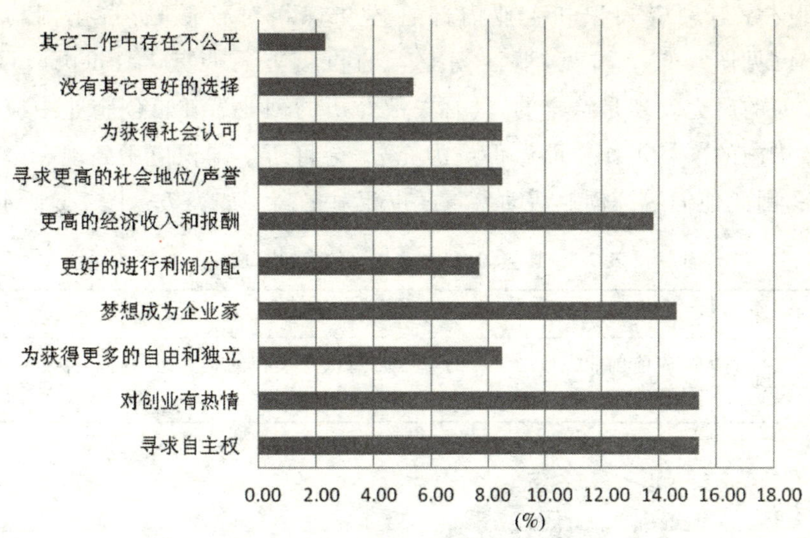

图7-5 创业失败后再创办新企业的原因

可见，在已有创业者中，大多数人抱有创业激情，他们更看重的是梦想，梦想高于现实，对创业与未来都充满了希望，这和第3章所揭示的浙江高机会型创业具有逻辑一致性。同时，这也符合Ucbasaran等(2009)的研究发现，他认为大多数创业者创立企业的目的就是实现自我的价值。当然，也有很大一部分的创业失败者是基于改善的驱动下选择再创业，期望改善他们当前的境况，或是寻求独立，得到肯定，或是增加收入(相比于保持收入)。

(6)失败知识的学习及应用

要提升创业能力，不仅需要把握有助于创业和商业活动成功的关键因素，还需要从失败经历中总结经验、丰富知识，提高创业学习能力，进而在再创业过程中将所学知识和技能应用到现有企业中去，提高在未来创业奋斗中成功的概率。

以往创业的经历对已有创业者的现有企业运营及管理产生较大影响。仅仅有学习是不够的，创业者必须要将所学知识转化并应用到新创企业中，这样的学习才有意义(Jenkins，2012；Shepherd et al.，2009)。调查数据显示，已有创业者从以往创业失败的经历中学习，并在现有企业中被应用最多的知识，是客户开发与市场营销知识，占比高达38.6%，其次是产品(或者服务)开发知识和企业经营成本控制知识，各占21.5%，学习到财务与融资知识和企业内部管理知识相对较低，所占比例均为9.2%(见图 7-6)。可见，浙江创业者的再创业特点是与 Shepherd 等(2009)的研究发现是符合的，具有失败经历的创业者在再创企业中应对失败措施的准备工作方面做得更为充分，会将所学知识应用到现有企业中去，因此他们后续创业活动参与度也相对更高。如表 7-7、图 7-6 所示。

表 7-7 调查问卷(失败知识的学习与应用)

问 题	内 容
2VZB6	从先前创业失败中学习的哪方面知识在现在的企业运营过程中被应用最多?

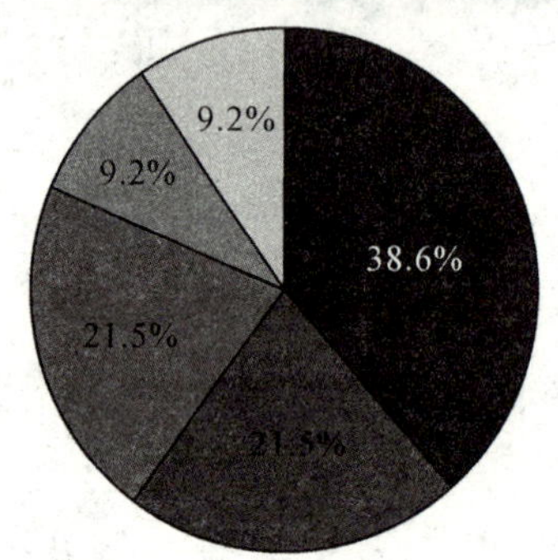

图 7-6 失败知识的学习及应用

从失败中学习并将其应用到新的创业活动中，这是创业失败对于创业者最主要的价值和意义。整体而言，创业失败学习主要包括学习与机会相关的知识、学习与资源管理相关的知识，以及学习与团队相关的内容。而且创业失败学习不仅提升了创业者所掌握的知识和技能，也使得创业者在再次创业时也会更加自信(Hayward et al., 2006; Jenkins, 2012)。

下面，我们将进一步从产品/服务的创新性、竞争性、技术领先性以及创业企业成长期望等方面，对有失败经历的再创业者和没有失败经历的创业者进行比较分析。

(7)产品/服务创新性

如表7-8、图7-7所示,在浙江已有创业者中,无创业失败经历和有创业失败经历的已有创业者对于这个问题的回答类似。除去少数回答不知道的人群,他们普遍认为是"部分人认为该产品或服务具有新颖性和独特性",持此观点的无创业失败经历和有创业失败经历的已有创业者各占75.4%和73.4%。有20.8%的无创业失败经历的人和23.3%的有创业失败经历的人认为,所有潜在用户都认为产品具有新颖性及独特性。只有3.8%的无创业失败经历的人和3.3%的有创业失败经历的人认为,全部的潜在用户都否定了其产品或服务的新颖性和独特性。

表7-8 调查问卷(产品/服务创新性)

问　题	内　容
2G1	在潜在的客户当中,是所有人、部分人还是根本没有人认为该产品或服务具有新颖性和独特性?

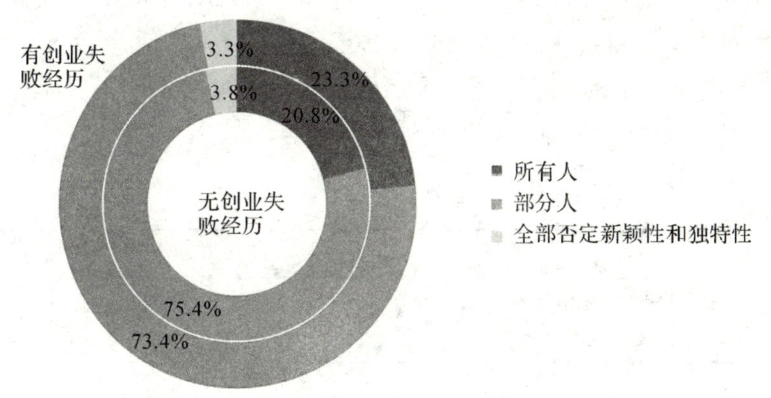

图7-7 产品/服务创新性

可见,无论是否有创业失败的经历,创业者们都较注重该产品的创新性程度,即产品创新性与创业失败经历无明显关系。但是创业者们并没有选择创新性非常强的产品,一方面是创新性强的产品对企业提出了高要求,一款全新的产品进入市场需要较长的市场导入期,用户习惯需要时间慢慢改变和养成,创业者必须长时间投入更多的资金和精力,创业者的心理压力也相对较高。另一方面,创新性强的产品对企业来说具有较高的风险性。虽然企业推出的新产品能为企业带来利润,实现商业价值,并且使企业在复杂的市场环境中体现出更强的抵抗力，但是创新具有一定的冒险性，一旦创业者决策失误或者市场反应不良，这将是对企业的致命一击，企业就会面临较大的危机，甚至遭遇失败。所以创业者们普遍选择具有一定程度创新性的产品来经营。

(8)产品/服务竞争性

面向市场的企业不可避免的会面临竞争，创业者不仅要分清哪些是自己的客户，同时要识别企业存在的竞争对手。这里把竞争对手认为是其他可以向潜在客户提供相同的产品或服务的公司。

由于需求的复杂性、层次性、易变性，技术的快速发展和演进、产业的发展使得市场竞争中的企业面临复杂的竞争形势，一个企业可能会被新出现的竞争对手打败，或者由于新技术的出现和需求的变化而被淘汰。企业必须密切关注竞争环境的变化，了解自己的竞争地位及彼此的优劣势。不同类型的已有创业者对于其面临的竞争程度具有不同的看法，对于无创业失败经历的已有创业者而言，认为其企业有很多竞争对手和少数竞争对手的均占 48.1%，而有创业失败经历的已有创业者各占 58.7% 和 38.1%（见图 7-8）。已有创业者都较少会持有过度乐观或过度自信的态度，均较少认为其企业没有竞争对手。如表 7-9、图 7-8 所示。

表 7-9　调查问卷（产品/服务竞争性）

问　题	内　容
2G2	目前为止，是有很多或者几家公司可以向潜在客户提供相同的产品或服务吗？还是一家也没有？

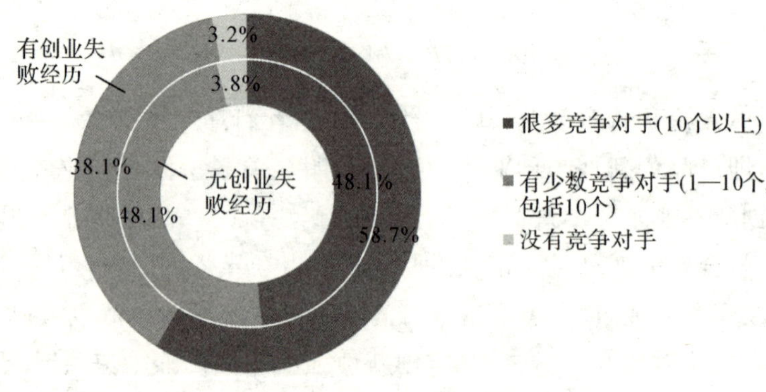

图 7-8　产品/服务竞争性

可见，相较于没有创业失败经历的创业者，有过失败经历的创业者会选择更为“求稳”的创业方式。有过失败经历的创业者重新创业所选择的行业具有较多的进入者，即在该行业中竞争对手较多，这从侧面说明创业者不愿“另辟蹊径”，而是选择大家都走过的路。即使竞争对手较多，这会降低其未来的市场份额和利润额，但此类行业的失败可能性较低及失败后的成本也是相对较低。所以，有过失败经历的人不愿再经历创业失败的痛苦及后果，对于其企业未来的规划和发展采用更为稳妥的方式，选择竞争对手较多的行业。

(9)产品/服务技术领先性

具有领先技术的企业能够通过技术创新，在工艺、技术、市场等方面甩开竞争对手，取得较大的市场份额和较高的垄断利润。可见技术领先性对于企业的重要性，两种类型的已有创业者采用相似的技术领先战略，有创业失败经历的已有创业者有42.2%的人在再创业时会选择技术比较稳定的技术，也就是企业产品/服务所需的主要技术或工艺问世已经在5年以上，有50%的再创业者会选择已经问世1到5年的技术或工艺。而无创业失败经历的已有创业者有35.2%会选择问世5年以上的技术或工艺，57.4%会选择已经问世1到5年的技术或工艺(见图7-9)。相对而言，有创业失败经历的创业者更加保守一些。对于问世1年不到的技术，有较少的已有创业者会选择使用，因为此类技术发展还不够成熟，这对企业的发展增加了一定的风险性。如表7-10、图7-9所示。

表7-10　调查问卷(产品/服务技术领先性)

问　题	内　容
2G3	该产品/服务所需的主要技术或工艺问世已经有不到1年的时间，还是1到5年，或者5年以上?

可见，从两种类型创业者均很少选择应用问世不到1年的技术或工艺的数据来看，浙江创业者基本不愿采取冒进的创业行为，在他们看来，问世不到1年的技术或工艺一方面存在技术不稳定、不完善的缺点，另一方面他们也担忧市场对该项技术的反馈存在迟钝性或不接受该项技术。此外，相对于无创业失败经历的人，有创业失败经历的人在再次创业时更多地选择已经问世5年以上的技术或工艺，此类技术或工艺基本已经发

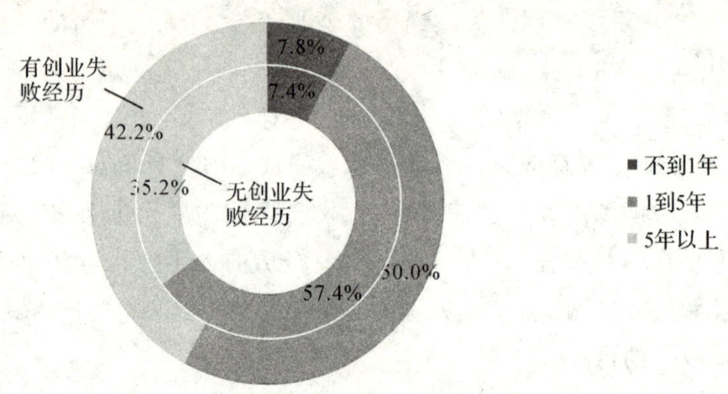

图 7-9 产品/服务技术领先性

展成熟，相对应的，消费者已经基本接受该技术和工艺，并形成消费习惯，创业者就不需要花过多的精力和资金在市场引导上，并且产生稳定或者增长的市场需要，从而降低企业面临的不确定性。所以，有过创业失败经历的创业者会选择问世 5 年以上的技术和工艺。

(10)创业成长期望

创业成长期望是指创业者期望在企业创立 3 年后雇佣员工的数量。Cope(2011)认为失败经历可以让创业者进行自我反省和自我学习，在反省的过程中，总结自己的不足以及以后努力的方向，从而增强了对于将来创业活动获得成功的自信。对于所调查的无失败经历的已有创业者中，较多的人认为"从现在起，到这个企业/生意成立 3 周年之际，除了股东之外，将为其工作"的员工数量分别为 2 人、3 人和 20 人，所占比例分别为 14.9%、10.6%和 10.6%。从整体来看，无创业失败经历的创业者认为未来为其工作的人数平均为 47 人。

有失败经历的已有创业者中较多的人认为"从现在起，到这个企业/生意成立 3 周年之际，除了股东之外，将为其工作"的员工数量分别为 5 人和 30 人，所占比例分别为 13.0%和 11.1%。从整体来看，创业者认为为其工作的人数平均为 54 人。

表 7-11　创业成长期望

	无创业失败经历		有创业失败经历	
	频率	百分比	频率	百分比
人数(范围:0—1 000 000 人)	47	100.0	54	100.0

表 7-12　调查问卷(创业成长期望)

问　题	内　容
2H2	从现在起,到这个企业/生意成立 3 周年之际,除了股东之外,有多少人将为它工作?

可见,有过创业失败经历的人对其企业未来的成长和扩大更具有乐观心态。在经历过创业失败后,创业者会对上一次的失败经历进行总结和思考,将所学习的知识应用到新创企业中,对新创企业的运营与管理有了更为深刻的认识,从而对再次创业的成功结果更有自信。所以,有过失败经历的创业者会“吃一堑,长一智”,对新创企业的运营和管理更有经验,对于新创企业的未来成长性更为乐观。

(11)创业类型

在调查中,已有创业者对于 2K1 问题的回答不尽相同,无创业失败经历的人有 55.3%选择创业是为了把握企业/生意的机会,有 12.5%是由于没有更合适的工作,而有创业失败经历的人有 57.8%是为了把握企业/生意的机会,有 21.9%是由于没有更合适的工作(见图 7-10)。可见,有失败经历的创业者选择再次创业除了是为了把握企业机会,还有一部分是由于没有合适的工作,他们主要是基于生存型的创业,这与没有创业失败经历的人不一样。如表 7-13、图 7-10 所示。

表 7-13　调查问卷(新创企业原因)

问　题	内　容
2K1	您当初开创新的企业/生意是为了把握商机,还是因为没有更合适的工作才创办企业/生意?

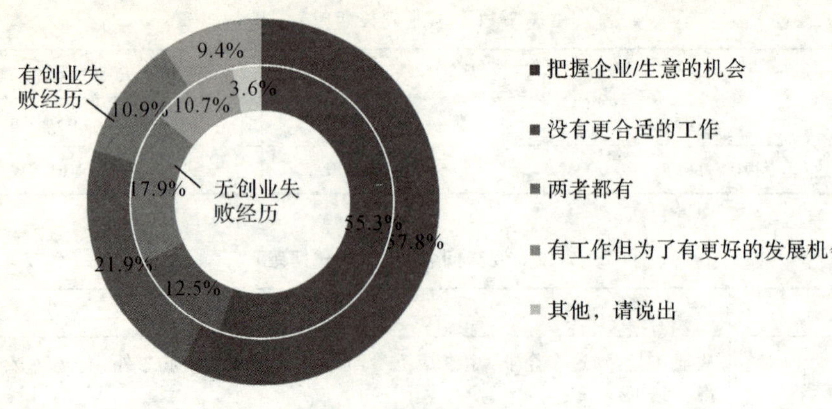

图 7-10　新创企业原因

(12)创业最大动力

不同类型的已有创业者对于 2K2 问题的回答也是不同的，无创业失败经历的人有 45.2%是为了获得更多的自主性，52.4%是为了提高个人收入，2.4%是为了维持个人收入，而有创业失败经历的人有 46.3%是为了获得更多自主性，53.7%是为了提高个人收入(见图 7-11)。可见，浙江创业者更多的是属于机会型创业，而非生存型创业，创业不再仅仅是为了生存，更多是为了自我实现和追求自由。如表 7-14、图 7-11 所示。

表 7-14　调查问卷(创业最大动力)

问　题	内　容
2K2	您个人认为下列哪一个因素是您寻求这一机会的最大动力，是职业生涯的更多的独立自主还是提高个人收入，或者仅仅是保持个人收入？

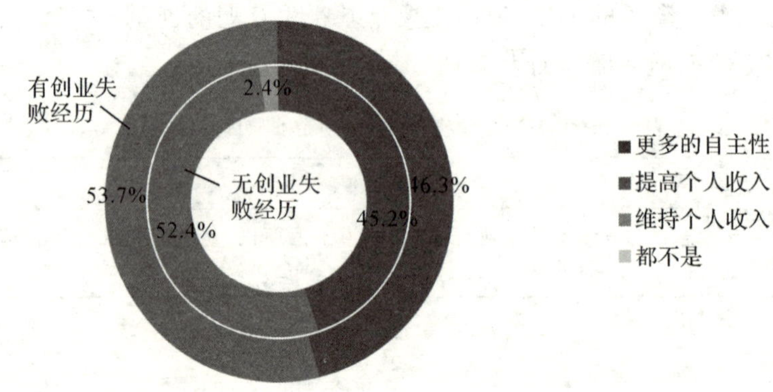

图 7-11　创业最大动力

7.2.2 中止创业者

(1)创业失败次数

Ucbasaran 等(2009)认为,具有失败经历的创业者在后续创业中能够识别更多的机会。但是这个激励存在一个极限,如果在创业者所有的创业经历中,创业失败次数太高,创业者再次创业的意向和自我效能感就会降低,所能识别的机会也会相应减少。尽管中止创业者目前并没有处于创业的状态中,但这并不排除他们有在未来重新创业的可能性,因而,对于其创业失败次数进行分析还是很有必要的。如表 7-15、图 7-12 所示。

表 7-15 调查问卷(创业失败次数)

问 题	内 容
3VZB1	你先前所经历的创业失败次数是多少?

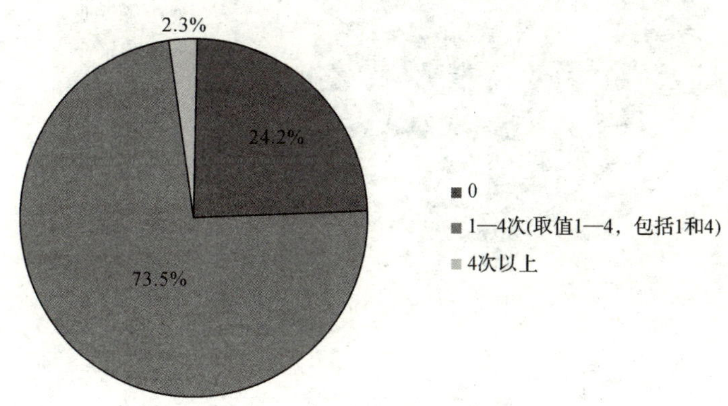

图 7-12 潜在/中止创业者的创业失败次数

图 7-12 的数据显示,在中止创业者中,大部分人曾经历过创业失败,所占比例为 75.8%。其中,2.3%的成人经历过 4 次以上的创业失败,73.5%的成人经历过 1 到 4 次创业失败。根据调查中创业失败过 1 到 4 次的 94 位创业者提供的具体失败次数,创业失败次数均值为 1.49 次。另外,有 24.2%的中止创业者并未经历过创业失败,即在其所创企业运营正常或良好的情况下,他们由于主观或客观原因决定关闭企业,比如兴趣转移等。

(2)失败企业所属行业

在曾经经历过创业失败的终止创业者中，最近创业失败的企业属于零售业的比例最高，为 30.9%，其次餐饮业占 24.7%，然后制造业占 13.4%(见图 7-13)。这与已有创业者之前创业失败所属行业类似，创业所选择行业大都是进入壁垒和退出壁垒均较低的服务业，但已有创业者的之前创业失败的行业前 3 名是零售业、消费服务业和交通运输业。如表 7-16、图 7-13 所示。

表 7-16 调查问卷(失败企业所属行业)

问 题	内 容
3VZB3	最近创业失败的企业属于的行业是什么?

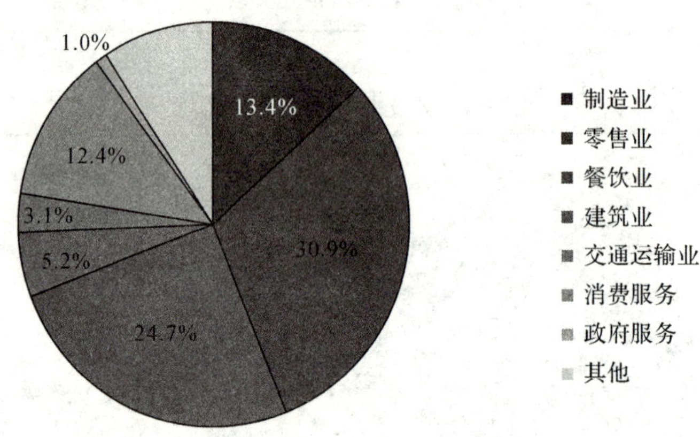

图 7-13 失败企业所属行业

(3)创业失败的原因

总体来看，有过创业失败经历的中止创业者对其创业失败的经历进行了反思，认为其创业失败的最主要原因是资金短缺，约占 17.9%，其次是由于竞争激烈，导致市场规模下降，约占 13.8%，第三是缺乏管理知识，约占 13.4%；导致其创业失败的最后 3 位原因是个人身体健康问题、家庭原因及其他原因，其占比分别为 1%、3.1%、1%。而已有创业者对其失败归因有别于中止创业者，他们认为导致其失败的最主要原因是缺乏管理知识、资金短缺和缺乏发展战略或者战略不清晰。如表 7-17 所示。

表 7-17 创业失败原因

		N	百分比(%)
先前创办的企业失败的主要原因	缺乏产品开发/营销技能	34	11.7
	缺乏发展战略或者战略不清晰	22	7.6
	资金短缺	52	17.9
	缺乏管理知识	39	13.4
	缺乏创业技能	26	8.9
	竞争激烈导致市场规模下降	40	13.8
	顾客消费需求的改变	19	6.5
	缺乏人才	32	11.0
	企业外部环境不确定性太大	12	4.1
	个人身体健康问题	3	1.0
	家庭原因	9	3.1
	其他原因	3	1.0
总计		291	100.0

创业失败的归因方式可分为外部归因(外因)和内部归因(内因)。外因是指将失败归因于企业家无法控制的环境因素,本调查中有过创业失败经历的中止创业者,对其曾创业失败原因归为外因的主要有竞争激烈、顾客消费需求的改变、企业外部环境不确定性太大、家庭原因和其他原因,其占比分别为13.8%、6.5%、4.1%、3.1%、1%;内因是指将失败归因于由企业家做出的一些错误行为,本调查中有过创业失败经历的中止创业者认为,导致曾创业失败的内因主要有缺乏产品开发/营销技能、缺乏发展战略或者战略不清晰、资金短缺、缺乏管理知识、缺乏创业技能、缺乏人才和个人身体健康问题,其占比分别为11.7%、7.6%、17.9%、13.4%、8.9%、11%、1%。从失败的内因和外因来看,创业者更多的是将其失败原因归为内因。

7.2.3 创业失败烙印

Begley,Tan(2011)发现创业失败烙印在东亚国家比英国更受关注。调查中采用7点李克特量表,通过调查人们给予创业失败者再次创业的机会的同意程度，结果显示均值为5.81，且浙江省各市的结果差异不大，这说明浙江的社会公众较容易接受创业失败这一事实，并且愿意给予这些创业失败者重振旗鼓的机会。这也从侧面证实了浙江省创业活跃度高于全国平均值的原因，浙江创业就较少担心当失败时所面临的外界的偏见和歧视行为，降低了失败成本，从而降低了创业的进入和退出壁垒，使他们愿意参与创业活动。如表7-18、7-19所示。

表7-18 调查问卷(创业失败烙印)

问　题	内　容
5XZB28	对于那些创办企业后经营失败的人应当给予再次创业的机会吗？

表7-19 浙江省11个市的创业失败烙印均值

城市	杭州	宁波	温州	绍兴	湖州	嘉兴	金华	衢州	台州	丽水	舟山	合计
均值	5.83	5.61	5.93	5.58	5.62	5.55	5.93	5.82	6.11	5.98	5.70	5.81

7.3 结论与展望

7.3.1 结论

浙江创业活跃度高，但创业失败数量也在增长。大量研究证明，创业失败对创业者后续的创业活动会产生极其重要的作用(Baron，2004；Mc Grath，1999；Minniti et al.，2001；Sitkin，1992)，本章针对浙江创业失败情况进行了分析，结论如下。

第一，已有创业者和中止创业者的创业失败经历相似，失败次数大多在1到4次，他们对于其失败更多的是从自身找原因。一定范围内，对失败的内部归因能够对后续的创业行为产生更为积极的作用(Yamakawa，2013)。然而，并不是创业者越倾向于内部归因，再次创业的成功率就一定提高。Yasuhiro(2008)指出过度的内部否定必然会降低创业者对创业活动胜任力的感知水平，即降低了自我效能感，从而对学习产生负面影响。

第二，已有创业者和中止创业者失败所属行业均以服务业为主，但略有差别。已有创业者创业失败行业比较分散，而中止创业者失败所属行业主要集中在零售业和餐饮业。

第三，创业失败后，部分创业者会由于没有合适的工作而选择再创业，此时的创业更倾向于生存型创业。他们会将从上一次失败的经历中学习到的知识应用到新创企业中，其中应用最多的是客户开发与市场营销知识、产品（或者服务）开发知识和企业经营成本控制知识。

第四，相对于没有创业失败经历的创业者，有创业失败经历的创业者在再次创业时，会采取“求稳”的方式，但同时也对企业未来发展更为乐观。有过创业失败经历的创业者一般会选取一定程度创新性的产品，采用的技术和工艺也是普遍问世在5年以上，选择有较多竞争对手的行业，以降低面临的不确定性。有失败经历的创业者也会更为乐观、自信，他们对行业、市场和管理有了更为深刻的新认知，自我效能感加强，从而他们对于新创企业的成长抱有较高的期待。

第五，浙江的社会公众普遍愿意给予创业失败者再创业的机会，形成一种有利于创业的更为宽松的社会环境，这会降低创业者对于失败的顾虑和提高创业积极性。

7.3.2　展望

针对以上结论，以下问题值得进一步研究。

第一，创业失败程度及其产生的相应失败成本会显著影响到创业者学习和后续创业意向。那么，创业者的失败程度和失败成本与创业者的学习和后续创业意向是怎样的一种关系？

第二，付出大量资金和精力，但企业却并没有取得成功，并产生了社会成本、情绪成本和财务成本，这给创业者造成失败阴影。那么，创业者如何可以走出创业失败的阴影？

第三，创业失败学习模式一般包括利用模式和探索模式。创业者在再创业时会更倾向于哪一种学习模式？这对新创企业发展有什么影响？

第四，本章分析了已有创业者在创业失败后选择再创业的原因和动机，但对于创业失败后并没有选择再创业的人并没有做进一步调查，他们为什么没有选择再创业？

第五，问卷的调查过程中存在局限性，随机取样对象普遍集中在直接面向社会大众的创业行业中，比如零售、餐饮和消费服务业，这会使调查结果可能出现一定程度的偏差，所以需要更大范围地调查处于不同行业的创业者们。

参考文献

[1] BRUNO A V, MCQUARRIE E F, TORGRIMSON C G. The evolution of new technology ventures over 20 years: Patterns of failure, merger, and survival[J]. Journal of Business Venturing, 1992,7(4):291-302.

[2] CANNON M D, EDMONDSON A C. Confronting failure: Antecedents and consequences of shared beliefs about failure in organizational work groups[J]. Journal of Organizational Behavior, 2001, 22(2):161-177.

[3] CARDON M S, STEVENS C E, POTTER D R. Misfortunes or mistakes? Cultural sensemaking of entrepreneurial failure[J]. Journal of Business Venturing,2011,26(1):79-92.

[4] COPE J. Toward a Dynamic Learning Perspective of Entrepreneurship[J]. Entrepreneurship Theory & Practice,2005,29(4):373-397.

[5] CORBETT A C. Experiential Learning Within the Process of Opportunity Identification and Exploitation[J]. Entrepreneurship Theory & Practice,2005,29(4):473-491.

[6] COTTERILL KA Comparative Study of Entrepreneurs' Attitudes to Failure in Technology Ventures[J]. International Journal of Innovation Science,2012,4(2):101-116.

[7] DAMARAJU N, BARNEY J, DESS G. Stigma and entrepreneurial risk taking[C]. London, 2010.

[8] DANIEL K, SUBRAHMANVAM A. Investor psychology and security under-and overreactions[J]. Journal of Finance, 2010, 53(6):1839-1885.

[9] DEVERS C E, DEWETT T, MISHINAY, et al. A General Theory of Organizational Stigma[M]. A theory of behavior in organizations. Academic Press, 1980: 154-171.

[10] EFRAT R. Attribution Theory Bias and the Perception of Abuse in Consumer Bankruptcy[J]. Geo. j. on Poverty L. & Poly, 2003.

[11] FRANCO M, HAASE H. Failure factors in small and medium-sized enterprises: qualitative study from an attributional perspective[J]. International Entrepreneurship & Management Journal, 2010, 6(4): 503-521.

[12] JENKINS A. Attributions, learning, and the motivation to re-enter self-employment after firm failure[J]. Jibs Business Administration, 2012.

[13] LEE S H, BARNEY J B. Bankruptcy law and entreprenurship development: A real options perspective [J]. Academy of Management Review, 2007, 32(1): 257-272.

[14] LEVESQUE M, MINNITI M, SHEPHERD D. Entrepreneurs' Decisions on Timing of Entry: Learning From Participation and From the Experiences of Others[J]. Entrepreneurship Theory & Practice, 2009, 33(2): 547 570.

[15] LINK B G, PHELAN J G. Conceptualizing Stigma[J]. Sociology, 2001, 27(27): 363-385.

[16] MANDL C, BERGER E S C, KUCKERTZ A. Do you plead guilty? Exploring entrepreneurs' sensemaking-behavior link after business failure[J]. Journal of Business Venturing Insights, 2016, 5: 9-13.

[17] POLITIS D, GABRIELESSON J. Entrepreneurs' attitudes towards failure: An experiential learning approach[J]. International Journal of Entrepreneurial Behaviour & Research, 2009, 15(4): 364-383.

[18] SHEPHERD D A, PATZELT H, WILLIAMS T A, et al. How Does Project Termination Impact Project Team Members? Rapid Termination, "Creeping Death", and Learning from Failure[J]. Journal of Management Studies, 2014, 51(4): 513-546.

[19] SHEPHERD D A, WIKLUND J, HAYNIE J M. Moving forward:

Balancing the financial and emotional costs of business failure [J]. Journal of Business Venturing, 2013, 24(2): 134-148.

[20] STAM E, SCHUTJENS V. Starting anew: Entrepreneurial intentions and realizations subsequent to business closure [J]. Papers in Evolutionary Economic Geography, 2006.

[21] WILLARD A K, NORENZAYAN A. Cognitive biases explain religious belief, paranormal belief, and belief in life's purpose[J]. Cognition, 2013, 129(2): 379-391.

[22] YAMAKAWA Y, CARDON M S. Causal ascriptions and perceived learning from entrepreneurial failure [J]. Small Business Economics, 2015, 44(4): 797-820.

[23] YAMAKAWA Y, PENG M W, DEEDS D L, et al. Revitalizing and learning from failure for future entrepreneurial growth[J]. Frontiers of Entrepreneurship Research, 2010, 30.

[24] ZACHARAKIS A L, MEYER G D, CASTRA D. Differing Perceptions of New Venture Failure: A Matched Exploratory Study of Venture Capitalists and Entrepreneurs [J]. Journal of Small Business Management, 1999, 37(3): 1-14.

[25] 候亮，孙珂，丁桂凤. 创业失败污名研究述评与展望[J]. 科技和产业, 2016, 16(7).

[26] 胡洪浩，王重鸣. 国外失败学习研究现状探析与未来展望[J]. 外国经济与管理, 2011(11): 39-47.

[27] 胡丽娜，张骁. 国外创业失败研究综述[J]. 技术经济, 2012, 31(6): 60-65.

[28] 李富. 失败归因、过度自信对再创业模式和进入时间的影响研究[D]. 衡阳：南华大学, 2014.

[29] 张玉利. 如何从创业失败中吸取教训？[J]. 中外管理, 2011(9): 104-105.

第8章　浙江创业文化

不同国家之间、同一个国家内不同地理区域之间的文化各有差异，区域文化差异会直接影响区域人群的行为。浙江创业文化是浙江文化的重要内容，是浙江经济社会发展的重要动力源泉，浙商是浙江创业文化的关键承载主体与传播主体。因此，“浙江创业观察”把创业文化列入调查内容。本章将利用“全球领导力与组织行为有效性”(Global Leadership and Organizational Behavioral Effectiveness，GLOBE)研究开发的文化测量工具[①]，对浙江创业文化进行评价，其目的是更好地反映浙江创业现状与未来发展趋势。

8.1　文献综述

8.1.1　创业文化内涵及价值

文化是漫长的社会历史发展过程中逐渐演化和形成的物质财富和精神财富的总和，它通过个体、集体和社会机制影响社会人的经济行为(Guiso，2006；Oyserman et al.，2008)。创业文化的形成不是偶然的，它是创业活动以及为创业活动有效发生而衍生的其他活动的长期发展所形

---

① 全球领导力与组织行为有效性(Global Leadership and Organizational Behavioral Effectiveness，GLOBE)研究项目始于1991年，逐步发展成为来自全世界60余个国家、大约200名调查者参与的多阶段、多方法、多样本的全球性研究项目，以分析社会文化、社会有效性和组织领导力之间的关系。在进行国家文化与创业活动之间关系的比较分析中，许多研究采用GLOBE的数据测量国家文化，如赵向阳等(2012)、Wennberg等(2013)等研究。

成的文化积淀，它是人类文化的一种特殊形态（肖陆军，2016）。

"创业文化"这个概念最先是由熊彼特于1934年提出的，他认为创业文化是个人价值观、管理技能、经验和行为的组合，并且根据这些要素划分为以下特质：首创精神、风险倾向、创新能力、企业与经济环境关系的管理（Schumpeter，1934；Julien，1989；Covin et al.，1991；McGrath et al.，1992）。但是学术界对于创业文化的定义莫衷一是。Minguzzi，Passaro（2000）认为创业文化由"文化存储"和创业者的"文化率（Culture Rate）"组成；Rollin，Richardson（2001）提出创业文化是鼓励或者阻止人们进行创业的条件、特征和社会环境的总和；McGrath，Macmillan（2000）主张，一个有效的创业文化总是存在多重期望，并且推动公司对资源进行战略性管理。曹威麟、张丛林（2002）认为创业文化应该是指在创业活动的过程中，人们普遍表现出来的思想意识、价值观念、基本态度、行为方式及其相应创立成果的总和；胡晓龙、徐步文（2015）认为创业文化则涵盖了精神文化、物质文化、行为文化和制度文化等方面；陈晓萍（2016）指出，创业文化在主观层面是指居于区域内的人们对于个体、组织、做事风格等的认识，而这些认识以隐性的方式作用于人们为人处世的理念之中，影响人们的创业意愿；创业文化在客观层面是指人们能够明显感知到的区域环境自身存在或提倡的创业精神氛围。

由此可见，创业文化的价值主要体现在以下三方面：第一，创业文化是使创业者抓住创业机遇的动力。机遇是客观存在的，创业者可以通过主观努力来抓住机遇，那么就离成功迈进了一大步。第二，创业文化能够指导创业者怎样创业。创业维艰，但创业文化可以帮助创业者在创业过程中减少盲目性，增强主动性、自觉性，充分利用有利的社会条件，直到获得成功。第三，创业文化是创业者战胜风险、危机和失败的精神支柱（木水 等，2003）。目前，我国创业活动日益活跃，但创业失败率也居高不下。对此，创业者必须锤炼其心理承受力，具备坚定的信心和顽强的意志，沉着应对一切困难和危机，而创业文化正有此作用。此外，创业文化对创业意愿也产生显著影响，Franke，Luthjie（2012）考察了文化、经济和教育背景等变量对创业意愿的影响作用。李海垒等（2013）调查发现，感知的创业文化能够直接正向预测大学生的创业目标意向，同时感知的创业文化能够调节冒险性与创业目标意向之间的关系。

8.1.2 创业文化维度

文化是创业环境中的一个主要因素，它不仅影响创业者本人，也影响创业环境。但是文化具有多种多样的表现形式，很难从众多的文化现象中将文化归纳为一个具有代表性的统一概念，从众多的文化现象中抽象出若干个文化维度符合研究进展的需要。以下是学者们对文化维度的归纳和分类。如表 8-1 所示：

表 8-1　文化维度

学者(年)	文化维度
Hofstede(1980)	权力距离，不确定性规避，个体主义/集体主义，男性气质/女性气质，长期导向性/短期导向性
Trompenaars(1998)	通用主义/特定主义，个人导向/集体导向，中立性/情感性，具体性/扩散性，成就导向/因袭导向
Triandis(1995)	个体对自我的定义，个人目标和群体目标的相对重要性，个人态度和社会规范决定个体行为时的相对重要性，完成任务和人际关系对个体的相对重要性，个体对内群体和外群体的区分程度
Ralston(1997)	马基雅维利主义，教条主义，控制点，模糊忍受度
宝贡敏(1999)	竞争导向，合作倾向，风险态度，自然力，社会力与精神力的强调取向，理性逻辑倾向与情感倾向，机械化与军事化倾向，时间倾向
陈亭楠(2003)，王超逸(2009)	物质文化，精神文化，行为文化，制度文化

资料来源：根据相关资料整理

以上文化维度划分中，Hofstede(1980)的文化维度五分法被后人验证具有较大权威性(Merkin，2006)，而且被广泛应用于各个领域。例如，缪仁炳(2005)选取 Hofstede 的前 4 种维度和 Trompenaars 的成就导向/因袭导向来解析创业文化内涵，研究温州、关中两地文化并比较两地的创业倾向。Globe 研究在此基础上将社会文化细分为 9 个维度，并且此维度划分被赵向阳等(2015)应用于中国区域文化研究。中国企业家调查系统(2006)所做的关于《企业家价值取向：中国企业家成长和发展报告》也提供了一些企业家群体的个人价值观信息。本章从全球领导与组织行为有效性研究项目(GLOBE)中，将创业文化从不确定性规避、未来导向、权力差距、小团体集体主义、绩效导向和恃强性 6 个维度来搭建创业文化体系（Hofstede，1980；Globe，2006）。

不确定性避免（Uncertainty Avoidance）是指社会成员通过社会规范、仪式和规章制度等减少对未来事件的不确定性的程度；未来导向（Future Orientation）是指社会鼓励成员采用计划、投资未来和延迟满足等行为的程度；权力差距（Power Distance）是指社会成员期待或者认可权力可以不平等地在社会成员之间分享的程度；小团体集体主义（In-group Collectivism）是指个体对自己所在的组织和家庭感到骄傲、忠诚和有凝聚力的程度；绩效导向（Performance Orientation）是指社会鼓励自己的成员追求更卓越的业绩的程度；恃强性（Assertiveness）是指个体在社会交往中表现出恃强、直面冲突和进取性的程度。

8.1.3 浙江创业文化的现有研究

文化是人们共有的并影响其行为方式的价值观、原则、传统和做事方式。由于创业文化受地域经济社会发展的限制，即便是两个地理位置紧密相连或行政等级相同的区域，创业文化也会因为经济发展水平或战略发展目标不同而呈现出不同特点（陈晓萍，2016），比如苏南模式、温州模式、闽南模式等背后所蕴藏着的就是这些地区的创业文化。

改革开放 30 多年来，浙江经济发展迅速，浙江所创造的经济社会发展奇迹，包括浙江企业家群体（浙商）的兴起等，这个现象引起了学者们的密切关注，被称为“浙江现象”。“浙江现象”的产生，与浙江区域文化有着密切联系。

孔伟（2005）认为，浙江文化是岭南文化和江南文化的融合，这使浙江创业文化的特征更为丰富：重商业、敢冒险、能吃苦、不满足，正是由于浙江创业文化是在浓厚的商业氛围、恶劣的地理环境中形成和发展起来的，他们那种重商、争先、自立、吃苦的精神，激发了浙江人闯市场、闯世界、创大业的豪情，从而在创业的征途上取得了巨大的成就，促进了浙江民营经济的全面和快速发展。缪仁炳（2005）通过数据量化分析发现，作为浙江省创业文化最为活跃的沿海开放城市温州相比较于内陆地区关中，在文化上属于一个相对封闭的社会，温州人在创业倾向方面的优势只在于有较强的勤奋积极性，其文化基础主要在于家族取向传统主导下的集群性经商办实业，而在创新性和内部控制点方面显著弱于关中地区。姚先国(1999)、杨涌泉(2003)也认为创业的一些必要精神，如创新精神，在温州人身上的反映并不如关中人明显。汪岩桥和陈海红(2008)指出，浙江文化不囿于区域限制而具有很强的开放性、包容性，他们还总结了浙江企业家求实、重商、通变和坚韧的特征。

8.2　浙江创业文化的数据分析

在 GLOBE 研究中，创业文化可从文化价值观和文化实践观两方面区分，文化价值观重点考察"社会人认为社会或组织应该是什么样的"，文化实践观强调"在文化准则下的社会人是怎样的行为"。本章关注焦点在于浙江创业文化环境，所以文化实践观更适用。

在 GLOBE 研究的基础上，设计了 24 道题目来测量这 6 个文化维度，采用七点量表。例如，"在我们这里，公认的社会规范是哪种？(1＝筹划未来……7＝维持现状)"。在运用 SPSS 分析之前，为了使得分析结果更具一致性，让读者看上去更简单明了，对部分题项的答案进行了重新编码，即 1＝7，2－6……以此类推，涉及到的题项有 5XZB1、5XZB3、5XZB4、5XZB6、5XZB7、5XZB8、5XZB9、5XZB11、5XZB12、5XZB13、5XZB14、5XZB15、5XZB16、5XZB17、5XZB19、5XZB20、5XZB21、5XZB22、5XZB26、5XZB27。如表 8-2、8-3 所示：

表 8-2　调查问卷(浙江创业文化)

维　度	问　题	内　容
不确定性规避	5XZB1	即使以实验和创新为代价，在我们这里也要强调秩序和一致性。(1＝强烈同意……7＝强烈不同意)
	5XZB14	在我们这里，大多数人过着高度结构化的生活，很少发生一些预料外的事件。(1＝强烈同意……7＝强烈不同意)
	5XZB16	在我们这里，社会要求和指令通常被详细说明，以便让公众知道该做什么。(1＝强烈同意……7＝强烈不同意)
	5XZB19	我们这里的规则或法律涵盖了哪些情形？(1＝所有的情形……7＝很少的情形)

续　表

维　度	问　题	内　容
未来导向	5XZB3	在我们这里，人们办事成功的方式是哪种？（1＝每次都预先计划……7＝从不预先计划，当事情发生时再处理）
	5XZB4	在我们这里，公认的社会规范是哪种？（1＝筹划未来……7＝维持现状）
	5XZB8	在我们这里，社交聚会通常是哪种？［1＝提前计划（提前2个星期或更多的时间）……7＝随意的（预先计划不到一个小时）］
	5XZB23	在我们这里，更多的人选择？（1＝活在当下……7＝为未来而活）
	5XZB24	在我们这里，人们更重视？（1＝当前问题的解决……7＝对未来的规划）
权力差距	5XZB5	在我们这里，个人影响力的主要依据是？（1＝个人的能力和对社会的贡献……7＝个人地位的权威性）
	5XZB11	在我们这里，下属通常是？（1＝无条件服从于领导者……7＝在不同意的时候质疑领导者）
	5XZB20	我们这里，高权力的人们试图？（1＝最大程度地增加他们与低权力的人之间的社会距离……7＝最大程度地降低他们与低权力的人之间的社会距离）
	5XZB21	在我们这里，层级组织中等级和地位是有特权的。（1＝强烈同意……7＝强烈不同意）
	5XZB26	在我们这里，权力是？（1＝全部集中在上层的……7＝全部在整个社会中共享的）
小团体集体主义	5XZB7	在我们这里，即使个人目标受到影响，领导者也会鼓励团队的忠诚度。（1＝强烈同意……7＝强烈不同意）
	5XZB10	我们这里的经济系统是为了最大限度地提高？（1＝个体利益……7＝集体利益）
	5XZB22	在我们这里，被群体中的其他人接受是非常重要的。（1＝强烈同意……7＝强烈不同意）
	5XZB27	在我们这里，团队凝聚力和个人主义两者之间谁更重要？（1＝团队凝聚力……7＝个人主义）

续 表

维 度	问 题	内 容
绩效导向	5XZB13	在我们这里，青少年学生被鼓励通过努力不断提高成绩？（1＝强烈同意……7＝强烈不同意）
	5XZB15	在我们这里，多数报酬主要是基于？［1＝只有绩效……7＝除了绩效外的其他因素（比如资历和政治关系）］
	5XZB17	在我们这里，通过创新来提高绩效通常会有？（1＝很大的回报……7＝没有回报）
恃强性	5XZB6	在我们这里，人们通常是？（1＝非常自信……7＝非常不自信）
	5XZB9	在我们这里，人们通常是？（1＝处于支配地位的……7＝不处于支配地位的）
	5XZB12	在我们这里，人们通常是？（1＝非常强硬的……7＝非常柔和的）

表 8-3 浙江与全国的创业文化得分均值

	不确定性规避	未来导向	权力差距	小团体集体主义	绩效导向	恃强性
浙江省	5.39	4.92	4.67	4.94	5.73	5.05
全国①	4.94	3.75	5.04	5.80	4.45	3.76

根据调查数据，这里对浙江创业文化进行统计分析，并将其与全国创业文化进行了比较②，发现浙江和全国的创业文化存在明显差距。

不确定性避免所测量的是人们对权威及社会规章制度的依赖程度，反映社会对未来和机遇的态度。我国在这一维度上的得分中等偏高，但浙江均值 5.39 明显高于全国均值，这说明浙江人相对属于冒险倾向较低的人群。这与缪仁炳(2005)的研究结论一致，他认为浙江创业活动的高水平更可能的解释是，历史上经商的传统在具有集体主义特征的强家族取向所带来的创业角色榜样的作用下，促进了该地区创业活动的兴旺与活跃，而不是因为浙江人相对于其他地区具有更高的冒险倾向。

未来导向所测量的是当地社会人们是否普遍存在长远的观点，体现了中国儒家传统文化的影响力。浙江均值 4.92 也是明显高于全国，这说

---

① 数据来源：http://globe.bus.sfu.ca/study_2004_2007#data.

② GLOBE 研究项目第二阶段的调查中，在中国抽样调查选择了 170 个左右中层经理进行调查获得的数据(Fu, et al.,2007)。

明浙江民众相较于全国来说，受到儒家传统文化的影响更大，更趋于对未来的重视和安排，其中包括节俭、规划和坚韧等。当然，这也相应地证实了浙江的不确定性规避较高，因为当行为人是未来导向时，为了更为稳妥地获得长期利益，他们会按照计划行动，避免差错，规避风险。

权力距离所测量的是一个社会结构中的上下级关系，影响人们建立制度和组织的内容及方式。一般而言，权力距离大的社会文化，社会层级较多，且各层级都有不可轻易逾越的鸿沟，决策方式也多为自上而下，较少听取基层的意见。浙江的均值 4.67 明显低于全国，这说明浙江民众的权力距离感比较小，组织结构呈扁平化，下属和上级的感情距离也相应较小，基层敢于表达自己的意见，整个社会氛围比较民主。

小团体集体主义所测量的是“我”还是“我们”的问题，即个体在多大程度上隶属于某个社会群体，如对群体的忠诚、作为群体成员的骄傲感，以及群体中成员之间关系的密切程度等。浙江的均值 4.94 明显低于全国，这说明浙江民众一定程度上为自己所在的群体而自豪，对其忠诚，但是并没有过分依赖群体，适当地突出了个人的特性，具有自我负责、自我依靠的价值观，做事情或做选择时并不是像集体主义那样需要尽量合群，会考虑到自己的态度和兴趣。

绩效导向所测量的是社会鼓励并表彰人们追求卓越行为的程度。浙江的均值 5.73 明显高于全国，这充分体现了中国人的传统观念，即勤奋和努力，鼓励了人们为了自己的目标而做出更大的努力，这反映了浙江民众看重行为人的能力和实际成绩，这能够印证浙江文化中的务实特性。

恃强性所测量的是人们的进取心强度。浙江的均值 5.05 明显高于全国，这说明浙江文化比较鼓励人们提高自信度，浙江民众也有较大的进取心。但是结合浙江的不确定性规避和未来导向值，可以发现，浙江民众所追求的是稳中求进，而不是冒进。

8.3　结论与展望

8.3.1　结论

第一，浙江创业活跃度高于全国平均值，是绩效导向型，但是浙江民众受传统儒家文化影响，创业和处事风格较为保守，趋于长期导向和降低不确定性，创新性程度不高，所依靠的是勤奋和努力。

第二，浙江权力距离较低，形成一种民主的社会氛围，基层更敢于畅所欲言，表达自己与他人甚至是上司不同的观点，这样更有利于集思广益，收集到更多的想法和观点，以便决策者做出准确恰当的决策。

第三，浙江民众具有一定程度的独立特性，自己的决定不易被社会左右，不会随波逐流，不会怕别人的另眼相看或遭到排挤。

8.3.2　展望

针对以上结论，以下问题值得进一步研究：由于创业区域文化的存在，不同地区的人们对创业抱有不同的态度和看法，那么创业区域文化对创业意愿会产生怎样的影响？本章仅分析了浙江创业文化及其与全国的比较，但并没有具体分析其他省区市的创业文化，浙江和其他省区市的创业文化有哪些差异？不同的受教育程度、年龄和性别对创业文化各个维度的态度存在异质性，那么究竟有什么区别？

参考文献

[1] BAO. The cultural influence on ethnic business strategies[Z]. Working paper，TU Berlin，1999.

[2] BEGLY T M，TAN W L. The Socio-Cultural Environment for Entrepreneurship：A Comparison between East Asian and Anglo Countries[J]. Journal of International Business Studies，2001，32(3)：537-553.

[3] CHEUNG H Y, CHAN A W H. Corruption across countries: Impacts from education and cultural dimensions[J]. Social Science Journal,2008,45(2):223-239.

[4] COVIN J G,SLEVIN D P. A Conceptual Model of Entrepreneurship as Firm Behavior[J]. Social Science Electronic Publishing,2009,16.

[5] FU P P, WU R, YANG Y, et al. (2007). Chinese culture and leadership. In Chhokar, J. , Brodbeck, F. , & House, R. (Eds.), Culture and leadership across the world: The GLOBE book of indepth studies of 25 societies (pp. 875-907). London: Taylor and Francis.

[6] HOFSTEDE G J. Culture's Consequences: International Differences in Work-Related Values [J]. Administrative Science Quarterly, 1980,28.

[7] KANG D S, MASTIN T. How cultural difference affects international tourism public relations websites: A comparative analysis using Hofstede's cultural dimensions[J]. Public Relations Review,2008,34(1):54-56.

[8] MERKIN R S. Uncertainty avoidance and facework: A test of the Hofstede model[J]. International Journal of Intercultural Relations, 2006,30(2):213-228.

[9] MCGRATH, MACMILLAN. The Entrepreneurial Mindset [M]. Boston: Harvard Business School Press, 2000.

[10] MINGUZZI A, PASSARO R. The Network of Relationships Between the Economic Environment and the Entrepreneurial Culture in Sma[J]. Social Science Electronic Publishing, 2000, 16 (2):181-207.

[11] NIKOLAUS FRANKE, CHRISTIAN LÜTHJE. Entrepreneurial Intentions of Business Students: A Benchmarking Study [J]. International Journal of Innovation & Technology Management, 2012,1(3).

[12] ROLLIN H, RICHARDSON R. The Impact of the Prevailing

Business Culture on Entrepreneurial Activity and Small Businesses: A Contrastive Study of Spain and the USA[J]. International Journal of Iberian Studies,2001,14(3):179-189.

[13] SOARES A M,FARHANGMEHR M,SHOHAM A. Hofstede's dimensions of culture in international marketing studies[J]. Journal of Business Research,2007,60(3):277-284.

[14] TROMPENAARS F,TURNER C H. Riding the Waves of Culture [J]. Turner,1998,60(1):123-124.

[15] TSAKUMIS G T, CURATOLA A P, PORCANO T M. The relation between national cultural dimensions and tax evasion[J]. Journal of International Accounting Auditing & Taxation,2007,16(2):131-147.

[16] 陈亭楠.现代企业文化[M].北京:企业管理出版社,2003: 93-132.

[17] 陈晓萍.跨文化管理[M].3 版.北京:清华大学出版社,2016.

[18] 曹威麟,张丛林,袁国富.论中国创业文化的振兴与繁荣[J].江淮论坛,2002(5):40-44.

[19] 胡晓龙,徐步文.创业素质、创业文化、创业意愿的相互关系与影响[J].社会科学家,2015(11):71 76.

[20] 孔伟."东北现象"与"浙江现象"的创业文化比较分析[J].中国人力资源开发,2005(2):15-18.

[21] 李海垒,张文新,宫燕明.大学生的性别、性别角色与创业意向的关系[J].华东师范大学学报(教育科学版),2011,29(4):64-69.

[22] 缪仁炳.温州、关中两地创业倾向比较[D].杭州:浙江大学,2005.

[23] 木水,朱婕.论创业文化[J].新长征,2003(12):59-60.

[24] 王超逸,李庆善.企业文化学原理[M].北京:高等教育出版社,2009:44-58.

[25] 汪岩桥,陈海红.浙江文化和浙江企业家精神[J].中共浙江省委党校学报,2008(6):106-111.

[26] 肖陆军.创业文化及其建设论析[J].科技创业月刊,2016(1):46-50.

[27] 杨涌泉.温州人生意经[M].北京:企业管理出版社,2003.

[28] 姚先国.浙江经济改革中的地方政府行为评析[J].浙江社会科学,

1999(3):22-28.

[29] 余凯成，程文文，陈维政.人力资源管理[M].大连：大连理工大学出版社，1999.

[30] 赵向阳，李海，孙川.中国区域文化地图："大一统"抑或"多元化"?[J].管理世界，2015(2):101-119.

第 9 章　浙江创业环境

借鉴全球创业观察(GEM)有关创业环境的调查框架和实施方法,本章对浙江创业环境开展系统调查与分析。首先,从创业环境理论研究的基础上,明晰创业环境的维度和评价要素;其次,设计相应指标体系,开展数据收集;再次,通过数据统计,系统分析浙江创业环境的各个要素;最后,对优化浙江创业环境提出对策建议。

9.1　文献综述

9.1.1　创业环境评价

创业环境对于提升创业活跃度、支持新创企业成长及提升创业企业竞争优势具有重要意义,因此受到理论界和实践界的持续关注(Aldrich et al., 1976; Gartner, 1985; 王秀峰 等, 2013)。Gartner(1985)从个体、组织、过程和环境 4 个纬度描述了企业创业框架,认为创业环境由资源的可获得性、大学及科研机构、政府干预及人们创业态度等因素组成。Sternberg, Wennekers(2005)通过梳理在柏林召开的第一届 GEM 研讨会的论文,发现创业活动在不同经济发展阶段表现差异,进一步发现创业活动与经济发展水平呈现 U 型关系,低经济水平不利于创业活动开展,经济高度发展的国家有利于提升创业活动发展,同时也阐明创业活动研究具有显著的区域特性,通过区域视角关注创业框架有利于明晰网络条件及区域政策对创业活动的影响。Gnyawali, Fogel(1994)认为创业环境就是创业企业在开展创业活动过程中所处的情境要素组合,整合以往研究,针对不同创业阶段所需的环境要素进行归纳整理,梳理出创业环境要素组合。Aldrich，Pfeffer（1976）试图理顺创业环境和组织生存关系，借助自然选择理论、政治经济理论、资源依赖理论等，认为创业企业组织随着所处环境变化，同时也在适应外界环境条件。创业环境主体是创业环境的承载者，如政府部门、中介机构等，而创业环境功能作用是指环境主体对创业企业所发挥的作用（蔡莉 等，2007）。总之，创业环境是指创业者周围的情境，是创业者产生、生存和发展的基础；创业环境是一个复杂的社会大系统，由创业文化、政策、经济和技术等要素构成，是多层面的有机整体；创业环境是需要社会、经济、文化各方面的系统支撑才能得以改良。

创业环境对于创业活动重要作用比较明显，但是其各个要素在创业过程作用差异及不同区域内创业环境要素的作用差异需要进一步评价研究。GEM较早开展创业环境研究，通过对各个国家的创业环境要素调研分析，试图解析不同国别的创业差异原因。创业动态追踪研究（The Panel Study of Entrepreneurial Dynamics，PSED）主要针对美国创业活动进行统计分析，追踪观察创业者及创业企业外部环境变化。国内也有较多学者开展创业环境评价方面研究。陈兴淋（2007）基于GEM的研究框架，通过专家问卷的方式，对南京市的创业环境现状进行了深入研究，发现南京市在政府政策、市场开放程度以及文化与社会规范方面占有优势，而在商务环境、知识产权保护以及金融支持等方面有待改进。杨晔、俞艳（2007）根据GEM统一的专家调查问卷，访谈了近160位不同行业、不同领域的专家，运用赋值统计比较的方法，对上海的创业环境进行系统的分析。范良聪、罗卫东（2008）从社会资本视角，结合实际调查，以理想类型的研究范式，构建一个可衡量地区创业社会资本环境的评价体系，以求弥补在创业环境研究方面过于偏重经济资本而忽视无形要素的缺陷，从而为各地区明确自身优劣势、构建良好的利于创业的社会资本环境提供参考。徐凤增、周键（2013）借鉴全球创业观察（GEM）研究框架，对我国创业环境中金融支持、政府政策、政府项目、教育培训、研发转移、商务环境、基础设施、市场开放和文化规范等9个方面因素进行了评价，并与美国、韩国、德国和阿根廷等国的均值进行比较，以期为我国创业环境优化提供理论和实践依据。

也有学者初步研究了创业环境的评价量表。叶依广、刘志忠（2004）

对创业环境概念及理论依据进行详细阐述，认为创业环境具有鼓励创业、支持创业、服务创业和保护创业的功能作用，继而借助概念内涵和现有研究现状构建创业环境评价量表，但是他们并没有对这个量表进行详细的数据支持验证。林嵩等(2016)基于北京、天津和河北(唐山市、保定市、石家庄市)创业者和普通个体对创业环境要素主体的调研，对比分析京津冀地区创业生态，发现区域科技水平、教育水平、劳动力充裕度、经济发展水平和居民可支配收入等 5 个方面存在差异，但是京津冀在区域环境表现方面总体趋于中等满意水平。徐建振、柳晓玲(2014)基于 GEM 研究框架，选取 27 项评价创业环境的指标，运用熵值法确定指标权重，同时运用专家咨询确定城市在评判集中的权重得分，在此基础上利用多级模糊综合评价法评价城市的创业环境优劣。如表 9-1 所示。

表 9-1　创业环境评价

学　者	研究方法	数据来源	研究层面	理论模型
Reynolds, Chin	描述统计	调研访谈	国家	GEM
Reynolds et al.	描述统计	调研访谈	国家(仅美国)	PSED
陈兴淋	描述统计	调研访谈	地区(南京市)	GEM
杨晔，俞艳	描述统计	调研访谈	地区(上海市)	GEM
范良聪，罗卫东	赋权统计	调研访谈	地区(杭州市)	——
徐凤增，周键	描述统计	GEM 数据 国内调研访谈	国家	GEM
林嵩 等	描述统计	调研访谈	地区(京津冀)	——
徐建振，柳晓玲	模糊评价	统计报告	地区(山东泰安)	GEM

9.1.2　创业环境的构成要素

创业环境就是在创业过程中对创业活动发挥重要作用的要素组合(Fogel, 2001)，但是创业环境要素构成在学术界并未达成共识。GEM 报告中对创业环境要素体系有一个较明确的界定，其概念模型把创业环境要素归为 9 个方面，即金融支持、政府政策、政府项目支持、教育与培训、研究开发转移、商业和专业基础设施、进入壁垒、有形基础设施、文化与社会规范(Reynolds et al., 2005; Levie et al., 2008)。Armington,

Acs(2002)对比区域间创业生存率差异，并解读其中缘由，针对区域外部性、失业情况、行业调整及区域创业文化等 4 个方面进行比较分析。其中，区域外部效应主要指需求效应，也就是人口增加带来的区域溢出，或者是劳动力市场变化，同时信息流动也能够促进区域层面的创业活动增加；失业对于创业促进作用研究较多，当工人现有工作无法继续时，更容易萌生自我雇佣的创业想法，由此既能解决自我失业问题，也能够创造更多就业机会；行业调整主要从 3 个方面说明，制造业转向服务业、缩小企业规模和高科技转型升级；区域创业文化主要指创业活动发生的区域社会情境，区域内创业倾向和创业精神在区域各个部门的分布情况。PSED（创业动态追踪研究）观测美国创业决策影响因素，将创业过程划分为创业可能性阶段、构思准备阶段、初创时期，针对创业者开展活动所处的不同阶段进行数据多时点观察（Reynolds et al，2004；Reynolds et al.，2008）。国内学者池仁勇(2002)，赵珍、池仁勇(2003)从环境分化的角度提出创业环境体系包括 5 个因素：创业文化、创业服务环境、政策环境、融资环境和市场环境。如表 9-2 所示。

表 9-2 创业环境的构成要素

学　者	构成要素	数量
Reynolds，Chin(GEM)	金融支持、政府政策、政府项目支持、教育与培训、研究开发转移、商业和专业基础设施、进入壁垒、有形基础设施、文化与社会规范	9
Reynolds et al.(PSED)	社会、政治、经济和历史情境	4
Bruno，Tyebjee	风险资本可用性、有经验的创业者、技能娴熟的劳动力、供应商的可接近性、消费者和新市场、政府干预、大学、基础设施、交通便利性、创业态度、支持服务、人们生活水平	12
Gartner	人口中的近期移民的高比例、较大规模的城市区域、雄厚的工业基础、金融资源的可用性、工业专业化程度	17
Gnyawali，Fogel	政策规制、社会经济条件、经营管理技能、金融条件、非金融条件	5
池仁勇 等	创业文化、创业服务环境、政策环境、融资环境和市场环境	5

9.2　浙江创业环境评价与调查

9.2.1　浙江创业环境评价量表

参考 2016 年全球创业观察报告对创业环境的要素细分，以及创业环境研究现状，本项目设计了 16 个要素意义的创业环境评价框架，如表 9-3 所示。

表 9-3　创业环境的评价要素

要　素	内　涵	题项数
金融投资	区域内能够用于支持创业活动的金融资本状况	6
政府政策	区域内政府制定创业支持政策	7
政府项目	区域内建设的辅助创业活动的项目设施	6
创业教育	区域内不同层次教育活动对创业知识和意识的培育	6
研发转化	区域内科研成果商业化过程中的创业企业参与情况	6
咨询服务	区域内管理、财务、法律等咨询服务	5
市场条件	区域内市场容量及其对创业企业的包容	6
基础设施	区域内开展创业活动的物理设施	5
创业文化	区域内开展创业活动的社会支持氛围	8
创业认知	区域内大众对于创业活动及创业者的认识态度	5
人力资本	区域内为新创企业提供的人员状况	4
女性创业	区域内对于创业者性别差异的认识	5
创业支持	区域内对于创业活动开展的支持态度	5
创新意识	区域内大众及企业对于创新行为的认识	5
创业阻力感知	区域内开展创业活动的相关阻碍感知	5
知识产权保护	区域内对于知识产权保护状况	4

全球创业观察和清华大学中国城市创业观察报告(2007)专家调查法的执行程序，是根据所要调查的各项创业环境内容，每个方面调查 4—6

位来自政产学研的专家，最后以算术平均值作为各个创业环境要素的得分。本项目基本参照这个方法，但是在专家选择时，仅针对新创企业创业者。具体原因请参阅第 1 章相关内容，此处不再赘述。经过预调研及统计检验，确定正式调研问卷，然后对浙江省 11 个市的创业企业进行数据收集。

9.2.2 浙江创业环境调查样本

本轮专家调查，共发放问卷 850 份，在剔除缺失值较多、填写呈现明显单个选项的样本后，收集 599 份有效问卷，样本有效率为 70.47%。剔除不符合创业企业样本，剩余 530 个有效样本。总体情况如表 9-4 所示①。

表 9-4 样本回收情况

城市	样本量	剔除样本	有效样本	有效样本比例(%)
杭州	117	29	88	16.6
宁波	75	7	68	12.8
嘉兴	39	2	37	7.0
湖州	37	0	37	7.0
绍兴	48	4	44	8.3
舟山	56	11	45	8.5
温州	55	1	54	10.2
金华	40	3	37	7.0
衢州	36	0	36	6.8
台州	54	12	42	7.9
丽水	42	0	42	7.9
合计	599	69	530	100

注：依据新创企业界定标准（创立年限小于 8 年，Li，Atuahene-Gima，2001；Patricia，Robinson，1990），剔除成立于 2008 年前企业样本，以下分析均是基于有效样本进行。

进一步对有效样本进行分析，如表 9-5 所示，发现在创业企业中近

① 该表在第 1 章中已经出现过，这里再次呈现的目的是方便读者阅读。

90%为民营企业,说明“大众创业”中参与者更多应该关注普通群众的创业活动,外资企业及中外合资企业较少。创业企业中所处行业较为集中,主要分布在信息传输软件和信息技术服务业、制造业、批发和零售业、文化体育和娱乐业,占比分别为 28.9%、19.6%、11.9%、7.2%,信息通信行业在未来智能时代将会发挥重要作用,应该大力支持该行业发展,另外制造业作为供给侧改革重点,也需要给予较多关注。分析调研对象的员工人数,发现创业企业初期规模不大,50 人以下样本数占到近 90%,符合创业企业灵活性及持续成长性特点,其中超过 200 人的企业主要分布在制造业,信息通信业员工人数大多集中在 20 人左右。此外,通过了解创业企业总部所在地,发现新创总部大多数位于被调研城市本地(84.3%),因此也说明其对于本地情况了解足够充分,调研信息具有较高可信度。调查受访者在本地居住年限,可以间接观察其对该地区了解认识的准确性和完整性,佐证调研信息有效性,发现大多受访者在本地居住超过 5 年,近一半受访者居住超过 15 年,可以认为其对该地区的环境认识足够准确完整。由此,认为本研究收集的数据来源有效,能够支撑数据分析所需。

表 9-5　被调查企业基本情况

特　征	分　类	频　次	比　例(%)
所有权性质	国有企业	23	4.3
	民营企业	479	90.4
	外资企业	4	0.8
	合资企业	20	3.8
	不详	4	0.8
行业类型	信息传输软件和信息技术服务业	153	28.9
	制造业	104	19.6
	批发和零售业	63	11.9
	文化体育和娱乐业	38	7.2
	租赁和商务服务业	25	4.7
	教育业	24	4.5
	其他	123	23.2

续 表

特 征	分 类	频 次	比 例(%)
员工人数	2—9	126	23.8
	10—50	282	53.2
	51—200	88	16.9
	＞201	32	6.1
所在地	本地	447	84.3
	国内其他地区	74	14.0
	国外	6	1.1
	不详	3	0.6
本地居住年限（年）	＞15	260	49.1
	5—15	128	24.2
	2—4	96	18.1
	＜2	43	8.1
	不详	3	0.6

注：1. 按照国民经济行业分类划分标准，分别为信息传输软件和信息技术服务业、制造业、批发和零售业、文化体育和娱乐业、租赁和商务服务业、教育业、交通运输仓储和邮政业、金融业、建筑业、农林牧渔业、住宿和餐饮业、科学研究和技术服务业、电力热力燃气及水生产供应业、居民服务修理和其他服务业、房地产业、水利环境和公共设施管理业、采矿业、卫生和社会工作、国际组织等，根据数量较多的6类详细陈述，剩余归为其他进行统计呈现。

2. 员工人数统计详细人数，为了便于描述呈现，对其进行阶段性划分统计。

3. 本地居住年限表示受访者在本地所居住的时间长短，反映其对本地情况的了解认识准确性和有效性。

9.3 浙江创业环境的数据分析

浙江创业环境的数据分析，首先对调研数据进行“清理”，依据成立时间剔除非创业企业的“老企业”，继而对各个指标多个测项进行平均化（根据 Likert 量表 1—5 得分），计算出创业环境的各个评价要素均值，继而进行评价分析。

(1)金融投资

金融投资作为企业发展的“血液”，其重要程度在创业研究中得到关注。根据创业企业资金来源主要途径及需求者，设置 6 个问题，主要考察区域内的自由资金、政府补贴、风险资本投资（VC）及首次公开募集股份（IPO）等资金渠道对个人及新创企业的支持力度，通过创业者决策感知来评价用于新企业构建和成长的金融投资充分程度。

通过数据分析可以发现，浙江省 11 个市的金融投资条件能够基本满足企业需求，但是各个地方的差异仍然较大，如表 9-6、图 9-1 所示。其中，湖州、杭州、丽水、绍兴和舟山 5 个城市的金融投资的均值水平较高，而衢州和宁波地区的金融投资和创业者需求有一定缺口。由此可知，浙江针对创业者的金融投资仍需较多关注，未来的改进措施需要及时跟进，新创企业的“新进入缺陷”限制其对资金的获取途径及数量，需要政府、银行及创业投资机构更多投入，协同提高新创企业金融投资环境。

表 9-6　专家调查问卷（金融投资）

题　项	内　容
A01	在本市，具有充分的自由资金供新创企业使用
A02	在本市，具有充分的债券资金供新创企业使用
A03	在本市，具有充分的政府补贴供新创企业使用
A04	在本市，具有充分的资金供个人创业者创业使用
A05	在本市，具有充分的风险资本（VC）供新创企业使用
A06	在本市，便于通过首次公开募集股份（IPO）获得充分创业资金

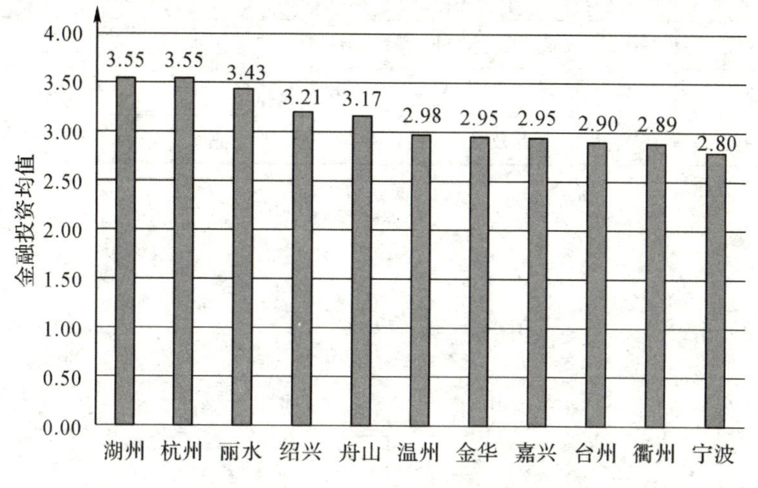

图 9-1　浙江省 11 个市的金融投资均值

(2)政府政策

政府作为政府政策主要制定者，对于鼓励创业活动开展，保障创业者权利发挥重要作用。浙江具有重视中小企业的历史渊源，中小企业在经济增长和总量中贡献重要力量。从政府政策的稳定性、高效性和便利性等各方面来评价该地区的政府政策对于新创企业的支持效果。

通过数据分析，发现浙江省 11 个市的创业政府政策整体处于创业者满意水平，如表 9-7、图 9-2 所示。虽然各个市的政府政策都能基本满足创业者决策需求，但是区域间也存在较大差异。其中，杭州、舟山和湖州基本能够达到较好水平，而金华、嘉兴、温州、宁波和衢州的政府政策只能处于基本满意边缘，提升空间较大。因此，浙江省 11 个市的政府政策执行情况基本可以达到创业者期望，区域间差异需要引起适当关注。可以主要从以下几个方面予以改善：强化政府及其他公共部门对新创企业的支持力度；简化新企业注册许可，降低创业门槛；优化针对新创企业的税收政策。

表 9-7　专家调查问卷(政府政策)

题　项	内　容
B01	在本市，政府及其他公共部门持续支持新创企业
B02	在本市，新创企业可以优先获得政策关注
B03	在本市，新创企业可以在一周内取得大部分注册许可证
B04	在本市，税收不会阻碍新企业成长
B05	在本市，税收及其他政府规制处在一个可预测水平
B06	在本市，应对政府管制和批准许可并不困难
B07	在本市，消费者及交易规制不会阻碍新企业成长

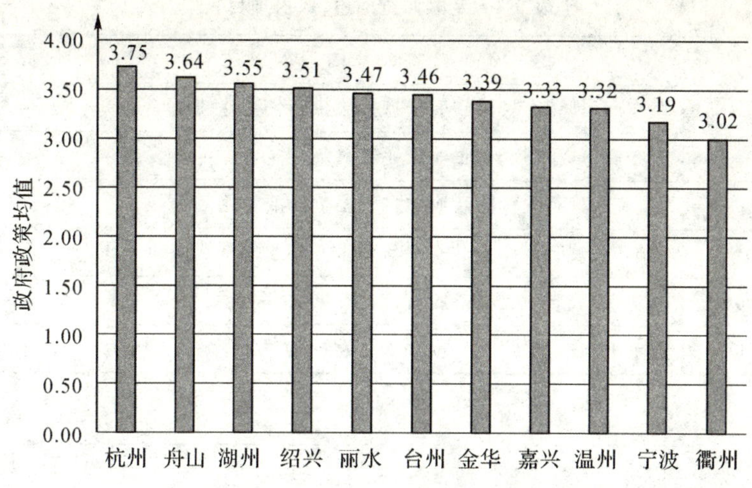

图 9-2 浙江省 11 个市的政府政策均值

(3)政府项目

政府项目为新创企业提供相对稳定、便利、廉价和舒适的初期生存空间。通过了解创业企业对公共项目及扶持项目需求,评估科技园区、企业孵化器、政府项目和机构的数量和支持力度,调查区域相关政府项目对创业企业支持的影响。

数据分析显示,浙江省 11 个市的政府项目实施效果都能基本满足创业企业期望需求,如表 9-8、图 9-3 所示。政府项目在各个地区间存在差异,但是并不非常明显,大多数城市内部在创业相关的政府项目建设方面,开展效果相差无几。区域间存在一定差异,杭州、舟山和湖州在创业项目建设数量和服务质量等方面领先于其他城市,而嘉兴、金华和衢州处于相对落后位置。

因此,浙江省各个市的政府项目建设及实施效果基本符合创业者对于公共孵化机构的需求期望,但依然需要继续提升创业扶持项目的质量和数量。主要关注科技园区和企业孵化器对新企业的支持力度和服务项目丰富性,提升相关政府工作人员的职业专业性,创业活动的生存时间和质量。

表 9-8 专家调查问卷(政府项目)

题 项	内 容
C01	在本市,具有大量的政府扶持措施供新创企业使用
C02	在本市,科技园区和企业孵化器对新创企业提供有效支持
C03	在本市,具有大量的政府项目供新创企业使用
C04	在本市,政府工作人员支持新创企业的工作是称职的
C05	在本市,政府项目支持所有市民开展创业活动
C06	在本市,政府项目支持创业活动发挥有效作用

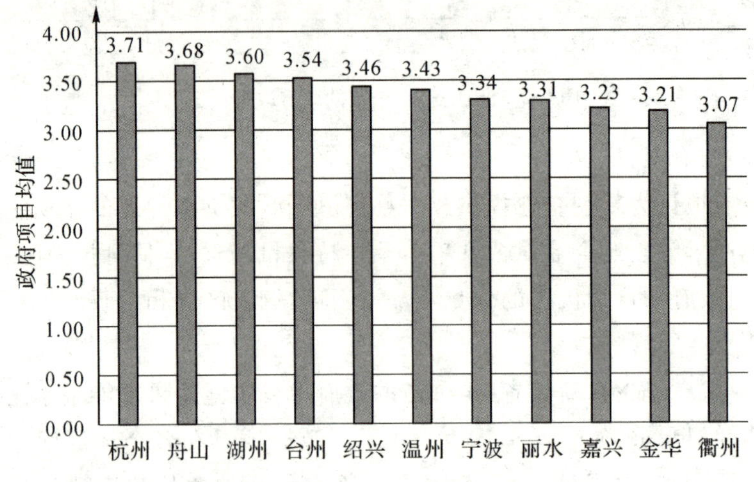

图 9-3 浙江省 11 个市的政府项目均值

(4)创业教育

创业教育为创业者提供开展创业活动的基础知识和理论框架,使得创业者能够全面把握企业构建和运营的各个方面,是创业成功的前提条件之一。创业者接触和学习创业知识主要通过在校教育和社会教育培训等途径,从几个方面考察地区创业教育和培训的情况,如不同教育层次对开拓创新、鼓励冒险、提升自主性、鼓励自给自足等创业精神方面培养,以及传授创业相关的市场经济规则、经营管理知识等为新企业创建提供准备。

数据分析显示,浙江省 11 个市在创业教育方面较为均衡,如表 9-9、图 9-4 所示。除衢州市创业教育缺口较大外,其他 10 个城市在创业教育和培训方面工作开展较为均衡，基本维持在比较好的水平。但是浙江省创业教育整体满意度并不是很高，需要整体提升创业教育水平。这需要从多个方面开展：在校创业教育应该继续鼓励创新、自给自足和主观能动性，社会培训活动为创业活动开展做好准备工作，提升经济管理教育水平。

表 9-9 专家调查问卷(创业教育)

题　项	内　容
D01	在本市，初等及高等教育鼓励创新、自给自足和个人主动性
D02	在本市，初等及高等教育充分讲授市场经济知识
D03	在本市，初等及高等教育足够重视创业和新企业创建
D04	在本市，大学为创业活动开展做好充分准备
D05	在本市，经济管理教育水平能够为创业活动提供充分准备
D06	在本市，职业教育、专业教育及继续教育系统能够为创业活动开展提供充分准备

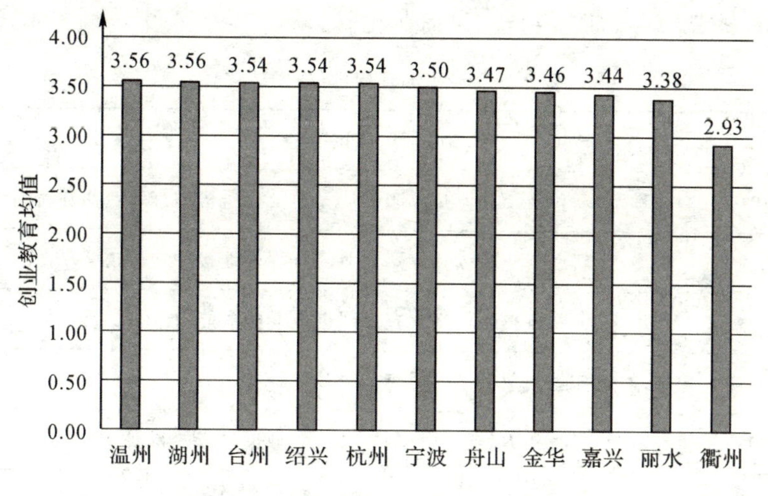

图 9-4 浙江省 11 个市的创业教育均值

(5)研发转化

创业活动成为科研成果转化的关键实现途径，尤其是科技类创业活动更加关注科研成果转化数量和效率。新技术和知识主要由大学及科研机构提供，新创企业及创业者相较成熟企业对其接触便利性，以及工程师和科学家对其创业商业化的意愿都决定开展研发转化。主要从 6 个方面考察研发转化对创业企业效果，如新科技及其他知识能够从大学及科研机构有效转移到新创企业；新创企业可以和成熟企业同等程度接触新科技；最新科技的价格不超过新创企业购买能力；新创企业获取政府补贴可以获得充足的政府补贴；科技实力足够支持创建某一领域世界级的新创企业、工程师和科学家，可以通过新创企业使得创意商业化等；关注科研成果的可接触性和可获取性。

数据分析发现，浙江省 11 个市的研发转化状况整体水平低于期望，同时各个地区间差异也较大，如表 9-10、图 9-5 所示。绍兴、舟山和丽水 3 个城市创业企业在研发转化方面相对较好，但是距离满意水平仍有较大差距，台州和衢州落后于基本水平。

因此，对于中小企业，尤其是新创企业对科研成果的需求较为强烈的现状，囿于新企业规模较小、对于新科研成果接触和获取的话语权较小，政府需要加强这方面的补贴力度，同时鼓励高校及科研机构的科研成果与新创企业对接，鼓励工程师和科学家支持新创企业科研商业化，强化产学研的紧密结合，加快科技成果商业化。

表 9-10　专家调查问卷（研发转化）

题　项	内　容
E01	在本市，新科技及其他知识能够从大学及科研机构有效转移到新创企业
E02	在本市，新创企业可以和成熟企业同等程度地接触新科技
E03	在本市，最新科技的价格不超过新创企业购买能力
E04	在本市，新创企业可以获得充足的政府补贴
E05	在本市，科技实力足够支持创建某一领域世界级的新创企业
E06	在本市，工程师和科学家可以通过新创企业促使创意商业化

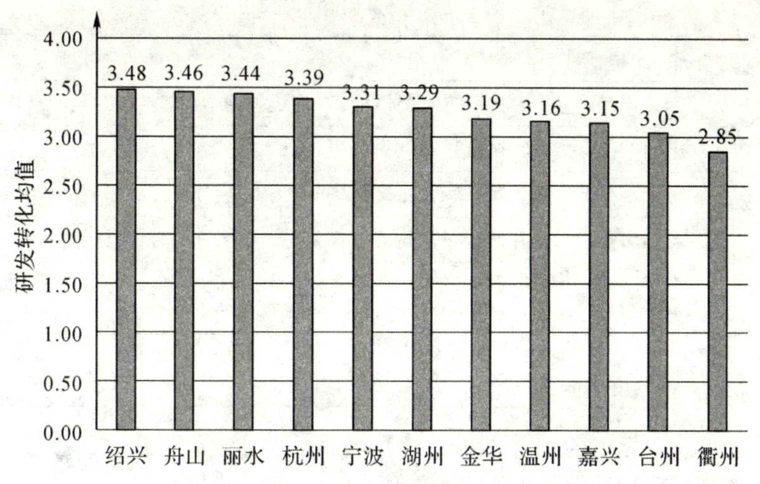

图 9-5　浙江省 11 个市的研发转化均值

(6)咨询服务

创业过程中,对企业管理、法律咨询、财务服务等企业经营相关知识需求较为广泛,新创企业经营管理者在该方面储备常常不能满足企业正常运营。根据企业创建及发展不同阶段对咨询服务的需求,从 5 个方面评价地区内为新创企业提供的营商咨询服务,例如,是否具有足够多的中介机构、咨询机构供新创企业使用;新创企业是否能够支付中介机构、咨询机构的费用;新创企业是否能够方便接触中介机构、咨询机构;新创企业是否能够便于接触良好的、专业的法律和财会咨询服务;新创企业是否能够便于接触良好的银行服务(如查账、外汇交换、证券等)。

通过数据统计,发现浙江省大多数地区能够提供基本满足企业的咨询服务需求,但是区域间差异较大,如表 9-11、图 9-6 所示。其中,杭州、宁波和丽水 3 个城市的创业者对咨询服务环境满意度较高,嘉兴、温州、绍兴、舟山等 7 个城市的咨询服务业基本能够满足创业企业发展需求,衢州对创业企业提供的咨询服务处于浙江省末位,且未能满足创业者需求,未来需要较多关注。

所以,浙江省相关市需要从管理咨询、财务服务及法务咨询等方面的数量和质量综合考虑,缩小地区间差距,同时提升浙江省对新创企业整体咨询服务水平。

表 9-11　专家调查问卷(咨询服务)

题　项	内　容
F01	在本市,具有足够多的中介机构、咨询机构供新创企业使用
F02	在本市,新创企业能够支付中介机构、咨询机构的费用
F03	在本市,新创企业能够方便接触中介机构、咨询机构
F04	在本市,新创企业能够方便接触良好的、专业的法律和财会咨询服务
F05	在本市,新创企业能够方便接触良好的银行服务(如:查账、外汇交换、证券等)

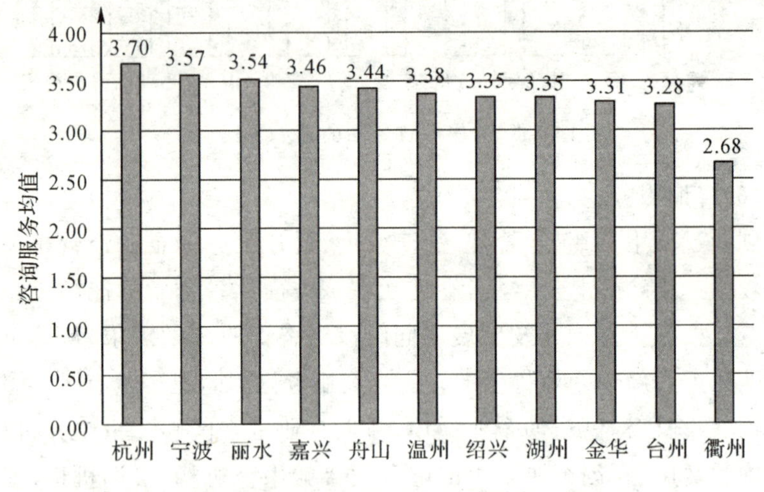

图 9-6　浙江省 11 个市的咨询服务均值

(7)市场条件

新创企业具有“小规模”和“新进入者缺陷”,市场开放程度及可接触性对于新创企业生存和成长发挥至关重要作用。这里从 6 个方面对区域内的市场条件进行评测,包括:对于消费者而言的产品/服务市场的每年变化程度;对于企业而言的产品/服务市场的每年变化程度;新创企业进入新市场的便利程度;新创企业能否承担进入新市场的成本;新创企业进入新市场是否会受到成熟企业打击;反垄断法是否得到有效实施。

通过数据分析,发现浙江省 11 个市在市场条件基本达到创业企业预期,如表 9-12、图 9-7 所示。各市的市场条件差距并不大,杭州领先于其他城市,丽水、绍兴、宁波、金华、舟山、湖州、嘉兴和台州的市场条件相差无几,温州和衢州对创业者来说市场条件效果稍微不足。总体来看,浙江省各个市的市场条件对于创业企业支持较大，较为容易接触市场，进入成本可以接受，市场相关法律法规较为健全。但是区域间发展不平衡，尤其是衢州和温州市需要及时改善。

因此，主要通过降低市场准入成本，以及成熟市场对新创企业的接受度，政府机构能够更多采购中小企业产品，扶持这类企业快速发展。

表 9-12　专家调查问卷(市场条件)

题　项	内　容
G01	在本市，对于消费者而言，产品/服务市场每年都发生很大变化
G02	在本市，对于企业而言，产品/服务市场每年都发生很大变化
G03	在本市，新创企业能够便利地进入新市场
G04	在本市，新创企业能够承担进入新市场的成本
G05	在本市，新创企业进入新市场不会受到成熟企业打击
G06	在本市，反垄断法得到有效实施

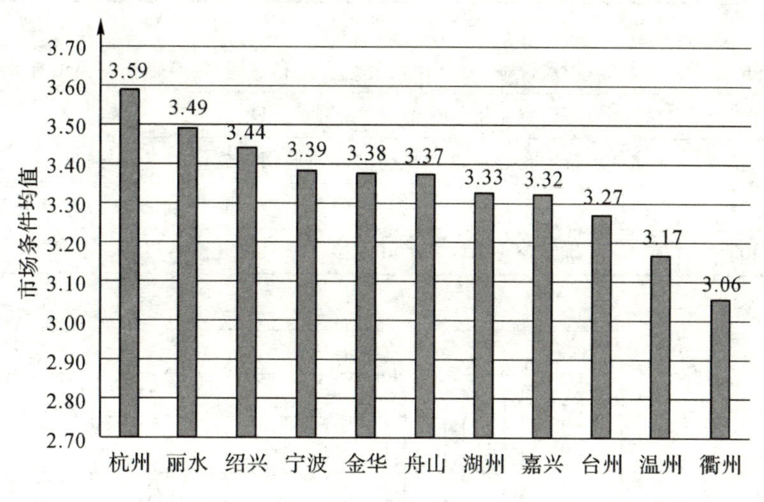

图 9-7　浙江省 11 个市的市场条件均值

(8)基础设施

创业成长过程需要各种资源保障，区域基础设施就是该类资源的主要来源，可以从 5 个方面来考察区域内为新创企业提供的基础设施质量，包括：物理设施(如道路、公共设施和通信)为新创企业提供有效支持的程度；新创企业接触通信设施是否不必付出较高成本；新创企业可否在 1 周内接通通信设施（如电话、网络等）；新创企业可否支付基础公共设施（如气、水、电等）的成本；新创企业可否在 1 个月内接触公共设施（如气、水、电等）。

通过数据分析，发现浙江省 11 个市在创业基础设施方面均处于较高水平，如表 9-13、图 9-8 所示。浙江省各个市基础设施表现良好，杭州和宁波在通信设施、道路交通和公共设施数量及其成本方面能够较好满足创业企业发展需求，绍兴、湖州、台州、丽水、金华、舟山、嘉兴和温州等城市在基础设施方面均较好保证创业活动开展。

综上，浙江省为创业者提供的基础设施均能满足创业者开展创业活动需求，绍兴、湖州和温州等 8 个城市应该向杭州和宁波靠近，衢州应该投入更多基础设施建设，着力改善通信设备、水电等公共设施及其成本，助力创业企业快速成长发展。

表 9-13　专家调查问卷（基础设施）

题　项	内　容
H01	在本市，物理设施（如：道路、公共设施和通信）为新创企业提供有效支持
H02	在本市，新创企业接触通信设施不必付出较高成本
H03	在本市，新创企业可以在 1 周内接通通信设施（如：电话、网络等）
H04	在本市，新创企业可以支付基础公共设施（如：气、水、电等）的成本
H05	在本市，新创企业可以 1 个月内接触公共设施（如：气、水、电等）

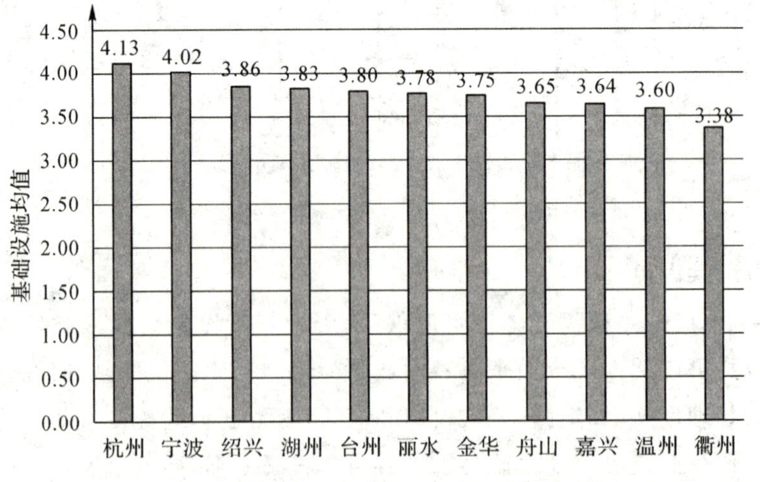

图 9-8　浙江省 11 个市的基础设施均值

(9)创业文化

创业文化作为地区内无形的影响因素,对潜在创业者具有重要激励作用。主要通过 8 个方面内容评估区域创业文化:高度赞扬通过个人努力取得成功;大众文化强调自给自足、自控性和个人主动性;大众文化鼓励创业风险承担;大众文化鼓励创造和创新;大众文化强调个人(非集体)在管理各自生活的责任;公众尊重参与创业活动的成员;创业失败能够得到公众包容;媒体经常报道创业故事。

通过数据统计,发现浙江省创业文化感知处于较高水平,如表 9-14、图 9-9 所示。浙江省各个市的创业文化底蕴较为深厚,台州、杭州和金华表现出更高的创业文化水平,除衢州市创业文化基本满足创业者预期之外,其他各个城市创业文化差异不大。

因此,浙江省创业底蕴深厚在现实中得到较好体现,鼓励创业、创新的氛围有利于产生更多新创企业。衢州市可以向其他区域学习,公共媒体更多报道创业故事,鼓励个人独立自主,对于创业失败给予更多包容。同时,其他地区能够继续维持现有创业文化现状,继续强化创业文化对于创业活动的支持力度。

表 9-14　专家调查问卷(创业文化)

题　项	内　容
I01	在本市,大众文化高度赞扬通过个人努力取得成功
I02	在本市,大众文化强调自给自足、自控性和个人主动性
I03	在本市,大众文化鼓励创业风险承担
I04	在本市,大众文化鼓励创造和创新
I05	在本市,大众文化强调个人(非集体)在管理各自生活的责任
I06	在本市,公众尊重参与创业活动的成员
I07	在本市,创业失败能够得到公众包容
I08	在本市,媒体经常报道创业故事

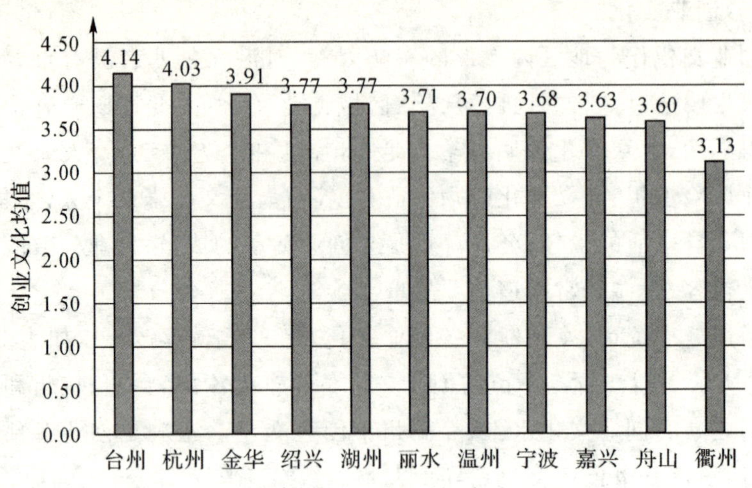

图 9-9　浙江省 11 个市的创业文化均值

(10)创业认知

创业认知与创业文化有相似之处，但是创业认知更能反映区域内大众对于创业活动及成为创业者的认识态度，能够较好反映区域内公众对于创业的理解。从 5 个方面来观察区域创业认知情况：创业被认为是致富的有效方法；成为创业者是很多人渴望的职业；成功创业者具有较高社会地位及尊重；公众媒体经常报道成功创业者故事；成功创业者被认为是资源拥有者。

数据统计发现，创业认知与创业文化具有非常高的相似性，但是也有一定差异，如表 9-15、图 9-10 所示。杭州市表现领先于其他城市，台州、绍兴、宁波、温州和湖州市的创业认知也处于较高水平，舟山、金华、丽水、嘉兴和衢州市的创业认知水平较低。

总体而言，浙江省各个市的创业认知水平总体处于较高水平，衢州市需要大力提升创业认知水平。提升创业认知措施与提升创业文化类似，包括更多报道创业成功故事，积极传递创业利好消息，传播创业者个人先进事迹，激励更多大众期望成为创业者和正面评价创业活动。

表 9-15　专家调查问卷(创业认知)

题　项	内　容
M01	在本市，创业被认为是致富的有效方法

续 表

题 项	内 容
M02	在本市，成为创业者是很多人渴望的职业
M03	在本市，成功创业者具有较高社会地位及获尊重感
M04	在本市，公众媒体经常报道成功创业者故事
M05	在本市，成功创业者被认为是资源拥有者

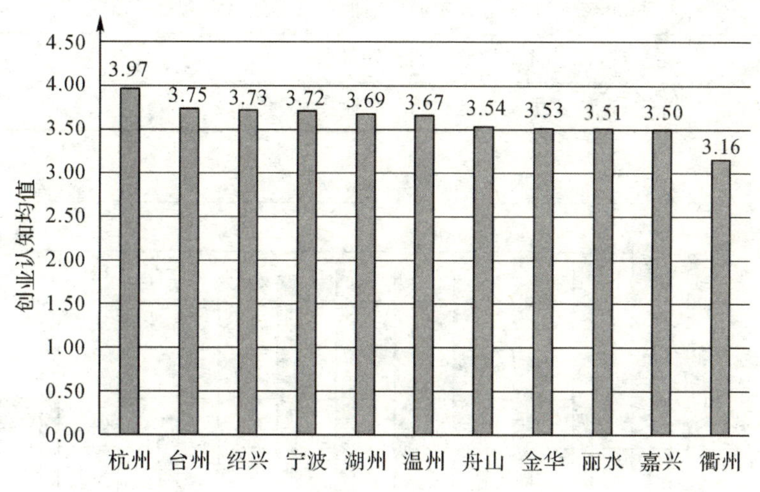

图 9-10 浙江省 11 个市的创业认知均值

(11)人力资本

人力资本是企业的核心资源，创业企业对创始人团队及员工具有一定的特殊要求。新创企业在区域号召力不及成熟企业，在招聘合适的管理者及员工方面很可能会遭遇困难，从而使人力资本问题成为新企业成长的限制因素。新创企业对核心员工和管理者需求较为强烈，可以从 4 个方面来了解新创企业在人力资本需求状况：新创企业能否招聘到合适的高层管理者；新创企业能否雇佣合适的科学家或者工程师；普通员工能否得到较好培训；毕业生质量能否满足企业要求。

通过数据分析，发现浙江省大多数地区在提供人力资本方面能够基本满足创业企业需求，但区域间差异较为明显，如表 9-16、图 9-11 所示。杭州、湖州、舟山和绍兴人力资本领先于其他城市，丽水、衢州、嘉兴、宁波和台州表现一般，基本满足创业者对人才需求，温州和金华人力资本状况相对滞后，尤其是金华，未能达到基本满意水平(得分为 2.76)，还有较大缺口需要提升。

因此，相关地区政府在引进人才和长期留住人才方面需要投入更多人力物力，增强区域发展对人才的吸引力，不断积聚人力资本优势。

表 9-16　专家调查问卷(人力资本)

题　项	内　容
O01	在本市，新创企业能够招聘到合适的高层管理者
O02	在本市，新创企业可以雇佣合适的科学家或者工程师
O03	在本市，普通员工能够得到较好培训
O04	在本市，毕业生质量能够满足企业要求

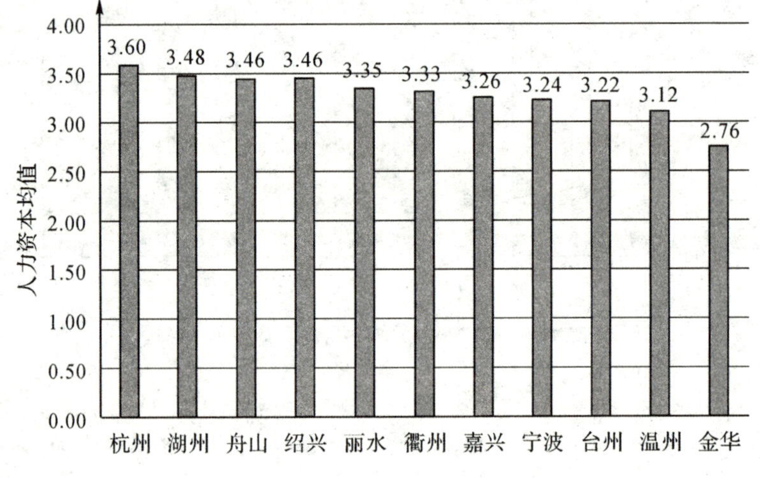

图 9-11　浙江省 11 个市的人力资本均值

(12)女性创业

创业者性别差异影响创业资源获取和活动开展，女性创业者比例逐渐增加，了解女性创业有利于鼓励潜在女性创业者参与创业活动。随着经济社会发展和文明提升，国内外各界人士都日益重视女性创业，女性创业在创业理论与创业政策中的地位日益提高。可以从 5 个方面来评估区域内女性创业水平：为女性创业者开展创业活动的社会服务；女性创业者的职业状况；女性是否被鼓励从事创业活动；获得创业机会方面的男女平等性；女性和男性开展创业活动时的水平比较。

通过数据分析，发现浙江省对于女性创业者参与创业活动认可度较高，地区间并无明显差别，如表 9-17、图 9-12 所示。其中，绍兴和杭州领先于其他城市，金华、宁波、嘉兴、丽水、湖州、舟山和衢州地区对于女性参与创业活动及创业资源分配态度较为肯定，温州和台州略微落后于其他城市，但是也都表现出较高水平。

所以，浙江省对于创业者性别认识总体没有偏见，地区间差异并不明显。随着女性创业综合素质的提升，会有更多的潜在女性创业者参与创业活动。浙江省需要继续保持对女性创业活动认识的优势，不断完善社会氛围，把女性创业推到一个新的高度。

表 9-17　专家调查问卷(女性创业)

题　项	内　容
P01	在本市，具有充分社会服务供女性创业者开展创业活动
P02	在本市，女性创业是能够得到社会接受的行为
P03	在本市，女性被鼓励开展创业活动
P04	在本市，女性和男性都能得到平等的创业机会
P05	在本市，女性和男性具有同等水平开展创业活动

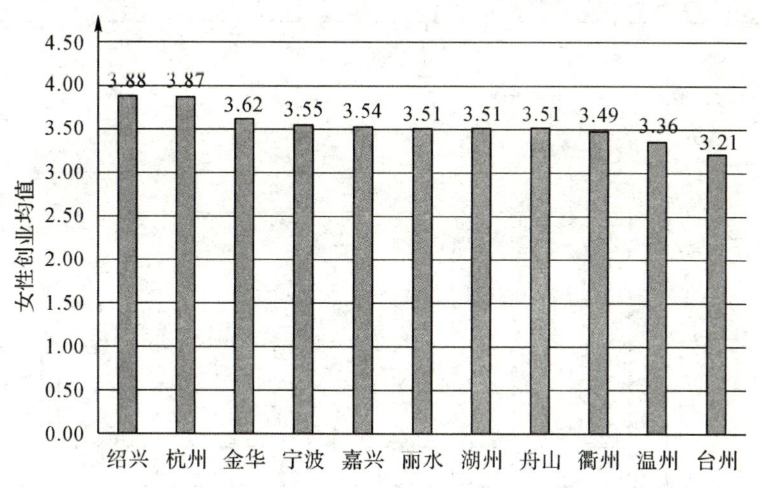

图 9-12　浙江省 11 个市的女性创业均值

(13)创业支持

创业环境的各个要素对于创业活动都具有相应的支持作用，创业支持主要评价区域内创业扶持措施的数量与质量。创业支持措施主要来源于政府公共部门，可以从 5 个方面考察：对高成长型创业活动的支持措施；对高成长型创业活动重要性的重视程度；创业支持措施的工作者的工作技能；创业支持措施服务标准；支持创业的政府项目的选择性程度。

通过数据分析，发现浙江省各个市的创业支持均处于较高水平，如表 9-18、图 9-13 所示。绍兴和杭州地区对于创业支持呈现高水平，台州、舟山、丽水、嘉兴和湖州对于创业活动也呈现较高支持水平，衢州、宁波、金华和温州创业支持尚可。但是各个地区也有一定提升空间。今后要注重提升执行创业支持措施的工作人员工作能力，提高服务标准，进一步丰富创业服务项目，强化创业支持意识。

表 9-18　专家调查问卷(创业支持)

题　项	内　容
Q01	在本市，具有较多高成长型创业活动的支持措施
Q02	在本市，政策制定者意识到高成长型创业活动的重要性
Q03	在本市，创业支持措施的工作者具有良好的工作技能
Q04	在本市，创业支持措施服务标准不断提高
Q05	在本市，支持创业的政府项目具有较多选择性

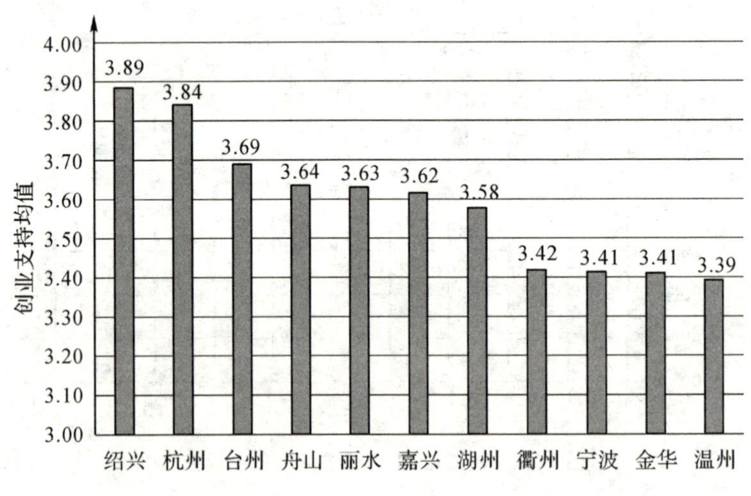

图 9-13　浙江省 11 个市的创业支持均值

(14)创新意识

创新意识有利于提升创业企业增长潜力，创造更多就业机会，提升区域竞争力,区域创新意识对于创业活动的影响深远。主要从 6 个方面了解区域创新意识:企业对实验新科技与采取新的经营方式的态度;企业对推出新产品或新服务的态度;企业对待创新的态度;消费者对待创新的态度;成熟企业对待新创企业的态度;消费者对购买新创企业的产品和服务的意愿。

数据统计发现,浙江省 11 个市的创新意识均呈现较高水平,但是不同地区的创新意识有一定差异,如表 9-19、图 9-14 所示。其中,绍兴、丽水、杭州、台州和舟山领先于其他城市,金华、嘉兴、湖州和温州表现出较高的创新意识水平,宁波和衢州的创新意识水平相对较低。

因此,在稳定提升整体创新意识水平过程中,要重点关注衢州等创新意识水平较低区域。通过培养消费者购买习惯、提倡尝试新产品和服务、协调成熟企业和新创企业关系、构建良好的原材料和产品供应关系、培养大众创新认识,提高区域创新意识。

表 9-19 专家调查问卷(创新意识)

题 项	内 容
R01	在本市,企业倾向于实验新科技,采取新的经营方式
R02	在本市,企业倾向于尝试新的产品服务
R03	在本市,创新得到企业高度认可
R04	在本市,创新得到消费者高度认可
R05	在本市,成熟企业愿意把新创企业作为供应商

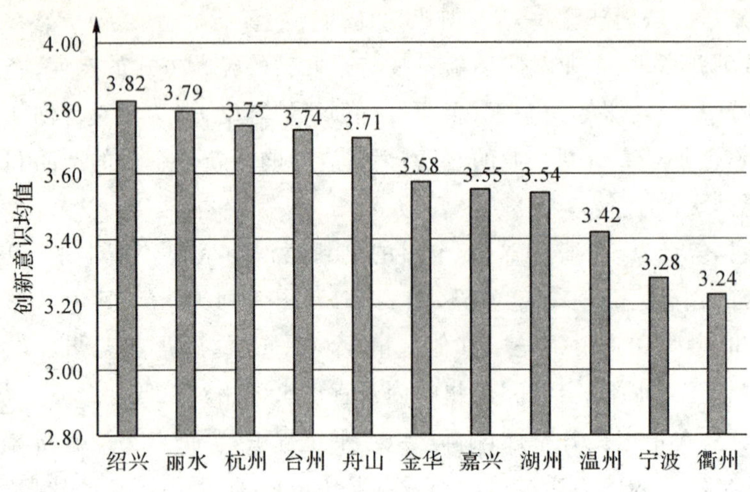

图 9-14　浙江省 11 个市的创新意识均值

(15)创业阻力感知

创业活动开展会遭遇很多阻力，鉴于影响创业活动开展的人力和资源限制，从这 5 个方面来评价创业阻力感知：创业知识、资源等可以得到应用的程度；大公司的主导性决策方式；中小公司的主导性决策方式；老板对员工提出新想法的支持程度；同事对提出新想法的伙伴的支持程度。由于测量希望得到正向指标得分，所以调整了问项，指标得分越高表示该影响因素越有利于创业活动开展。

通过数据分析，发现浙江省 11 个市创业者对创业阻力感知差异较为明显，如表 9-20、图 9-15 所示。丽水、台州、杭州、绍兴等市的创业者对于创业阻力感知达到较好水平，温州、衢州和宁波水平较低。针对现有表现较为满意的地区，需要继续强化支持力度，保持优势。少数创业阻力较大的地区，提升整体支持力度，降低创业阻力。

表 9-20　专家调查问卷(创业阻力感知)

题　项	内　容
T01	在本市，即使目前是公司雇员，创业知识、资源等也可以得到应用
T02	在本市，大公司内部自上而下制定的决策占据主要地位
T03	在本市，中小公司内部自上而下制定的决策占据主要地位
T04	在本市，老板会对员工提出的新想法提供支持
T05	在本市，同事会对提出新想法的伙伴提供支持

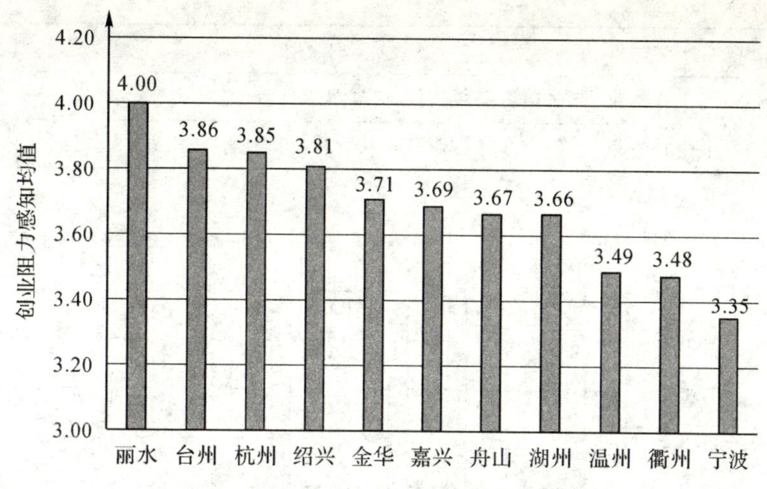

图 9-15 浙江省 11 个市的创业阻力感知均值

(16)知识产权保护

新创企业(尤其是科技型新创企业)需要有效的知识产权保护,确保其合法权益。主要从 4 个方面来调查区域内的知识产权保护现状:是否拥有系统完整的知识产权法;知识产权法是否得到较好实施;非法销售盗版软件、光碟等事件的发生概率;新创企业的商业模式与版权受尊重程度。

通过数据分析,发现浙江省 11 个市知识产权保护工作均得到创业者认可,且差异不大,如表 9-21、图 9-16 所示。其中,杭州、丽水和绍兴领先于其他城市,嘉兴、宁波、湖州和台州等地区在知识产权保护方面工作较为有效,舟山、衢州、温州和金华在知识产权保护方面需要加大力度。

总体而言,浙江省在知识产权保护方面的工作有利于创业。衢州、温州和金华要想方设法提高知识产权保护水平,保护新创企业的生存与发展预期,杭州、绍兴和丽水等地区应继续深化知识产权保护工作,激发创业创新的能力与层次。

表 9-21 专家调查问卷(知识产权保护)

题 项	内 容
N01	在本市,具有系统完整的知识产权法
N02	在本市,知识产权法得到较好实施

续 表

题 项	内 容
N03	在本市，非法销售盗版软件、光碟等事件较少发生
N04	在本市，新创企业的商业模式和版权会得到尊重

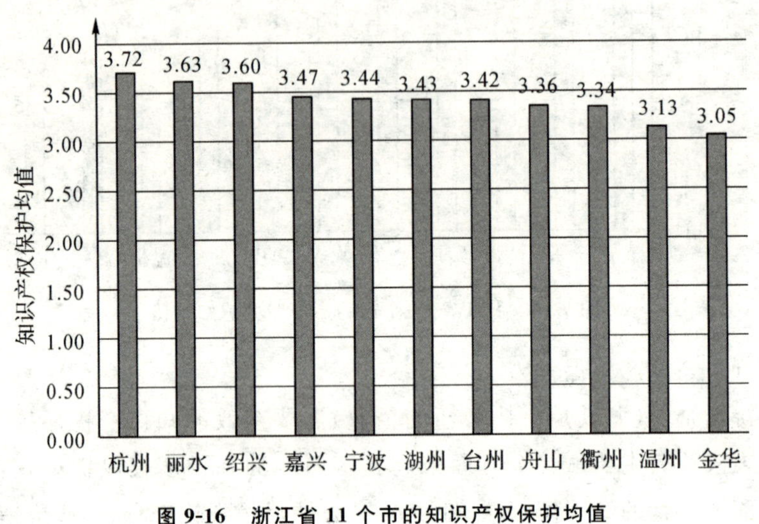

图 9-16　浙江省 11 个市的知识产权保护均值

9.4　结论与对策

9.4.1　研究结论

（1）极差意义的创业环境差异

基于 16 个创业环境评价要素得分在浙江省 11 个市分布的极差（最高值与最低值之差），按照由高到低排列：咨询服务（1.02）、创业文化（1.01）、人力资本（0.84）、创业认知（0.81）、金融投资（0.75）、基础设施（0.75）、政府政策（0.73）、知识产权保护（0.67）、女性创业（0.67）、创业阻力感知（0.65）、政府项目（0.64）、创业教育（0.63）、研发转化（0.63）、创新意识（0.58）、市场条件（0.53）、创业支持（0.5）。整体上看，较大的创业环境差异集中在“软性”维度，例如创业文化、人力资本、创业认知等。“硬性”维度的创业环境差异则较小，例如创业支持、市场条件等。

(2)均值意义的创业环境差异

基于 16 个创业环境评价要素得分在浙江省 11 个市分布的均值，反映出浙江省级层面的创业环境评价情况，结果如图 9-17 所示。浙江省在 16 个创业环境评价要素方面均基本符合创业者预期(最高得分为 3.77，均值为 3.48，最低得分为 3.13)。其中，基础设施、创业文化、创业阻力感知、创业认知、创业支持、创新意识和女性创业都呈现较高水平(得分高于均值 3.48)；创业教育、政府政策、政府项目、知识产权保护处于中等水平(得分接近均值 3.48)；咨询服务、市场条件、人力资本、研发转化和金融投资需要关注。

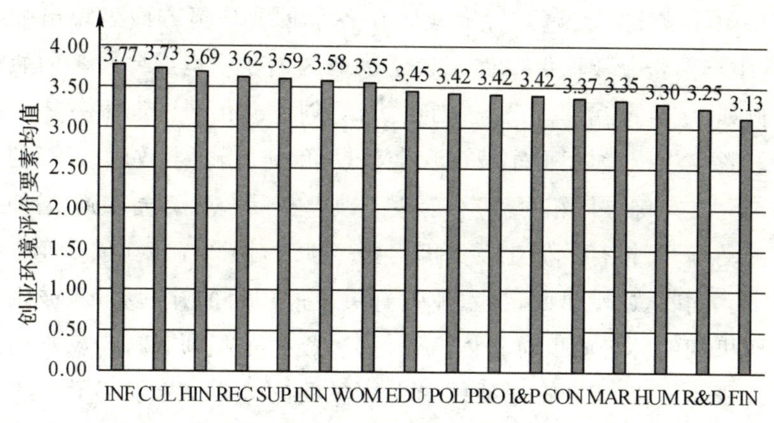

图 9-17　浙江省创业环境评价要素均值

9.4.2　对策建议

(1)补短板，平衡区域创业环境水平

针对创业环境区域差异大，精准判断各地区创业环境的所在短板，改善弱势指标，平衡区域创业环境差异，这有利于区域整体协调发展。例如，衢州市在金融投资、政府政策、政府项目、创业教育、研发转化、营商咨询、市场条件、创业文化、创业认知及基础设施等方面均处于全省落后位置，杭州市在创业支持、基础设施、创业文化、创业认知、政府政策、创业教育、金融投资和咨询服务等方面领先于其他城市。对于区域内部，重在有针对性地改善；对于区域之间，重在相互帮扶合作，形成跨区域合作态势。

(2)明定位，正视区域创业环境差异

平衡区域环境差异的目的是提升整体水平。由于区域自然历史禀赋、经济发展水平、社会文化等差异，自然会导致各地区创业环境有所不同。例如，舟山比较重视政府政策、政府项目和研发转化方面的环境改制，而创业文化的建设相对薄弱。宁波在基础设施建设方面较为突出，在金融投资、政府政策等方面的力度相对需要提升。因此，每个地区应根据自身的发展情况，找准发展定位，集中优势资源，彰显环境特色，打造创业环境的核心竞争优势。

(3)谋发展，突破区域创业环境瓶颈

在创业环境整体水平和区域差异得到重视后，需要针对区域创业环节的瓶颈环节予以突破。每个地区在各个创业环境方面表现出强弱状态，其中均值得分较低可以被认为是该地区创业环境需要改善的瓶颈环节。例如，宁波市在基础设施、创业认知、创业文化和咨询服务等方面处于浙江省领先位置，然而宁波市在金融投资、研发转化、政府政策、创新意识和创业支持等方面相对滞后，要重点改善拓展金融资金来源、增加自有资金流动、政府银行及创业投资机构更多投入，协同提高新创企业金融投资环境。同时，鼓励研发转化，加强有关政府项目的补贴力度，鼓励高校及科研机构的科研成果与新创企业对接，鼓励工程师和科学家支持新创企业科研商业化，强化产学研的紧密结合，加快科技成果商业化。强化政府及其他公共部门对新创企业的支持力度，限于创业者对于工商注册等环节并不熟悉，简化新企业注册许可等手续办理环节，以缩短新企业成立周期尤为重要，针对新创企业的税收不会成为其发展障碍显得非常有意义。

(4)重系统，提升区域创业环境整体竞争力

提升区域创业环境整体竞争力，需要多方联动，系统发力。就本章所指的创业环境 16 个方面来说，主要有政府机构、公共媒体、教育机构、投资机构和管理咨询机构等参与机构，创业环境改善需要各个机构共同参与，针对区域创业环境不同方面着力开展工作。例如，提升创业文化水平，需要政府机构政策引导，同时结合公众媒体积极报道，才能形成良好的社会效应。同样，创业金融投资也需要政府补贴、社会自由资金和风险投资机构等多种来源渠道，协同助力不同规模类型的新创企业开展创业

活动。

(5)选策略,市场化机制引导创业环境提升

推动创业环境优化的过程中,要处理好政府与市场的关系。注重政府引导的同时,通过政府简政放权,充分发挥市场机制的作用。例如创业投资环境优化,不能仅仅简单依赖财政补贴和奖励,而应该以引导基金的方式,吸引优质风险投资机构进入各个地区。政府在风投机构投入的项目上,有选择性地跟投,充分体现市场化的创业环境优化举措。

参考文献

[1] ALDRICH H E,PFEFFER J. Environments of Organizations[J]. Annual Review of Sociology,1976,2(1): 79-105.

[2] BRUNO A V,YEBJEE T T. The environment for Entrepreneurship [M]. NJ: Englewood cliffs. Prentice-Hal Encyclopedia of Entrepreneurship,1982.

[3] CATHERINE ARMINGTON, ZOLTAN J ACS. The Determinants of Regional Variation in New Firm Formation[J]. Regional Studies, 2002,36(36):33-45.

[4] FOGEL G. An Analysis of Entrepreneurial Environment and Enterprise Development in Hungary[J]. Journal of Small Business Management,2001,39(1):103-109.

[5] GARTNER W B. A Conceptual Framework for Describing the Phenomenon of New Venture Creation[J]. Academy of Management Review,1985,10(4):696-706.

[6] GEM. 2015-2016 Global Report [R/OL]. http://www. gemconsortium. org/report/information/49480.

[7] GNYAWALI D R,FOGEL D S. Environments for Entrepreneurship Development: Key Dimensions and Research Implications [J]. Entrepreneurship Theory and Practice,1994,18(4): 43-62.

[8] LEVIE J,AUTIO E. A Theoretical Grounding and Test of the GEM Model[J]. Small Business Economics,2008,31(3):235-263.

[9] LI H,ATUAHENE-GIMA K. Product Innovation Strategy and the

Performance of New Technology Ventures in China[J]. Academy of Management Journal,2001,44(6):1123-1134.

[10] LI H,ATUAHENE-GIMA K. The Adoption of Agency Business Activity, Product Innovation, and Performance in Chinese Technology Ventures[J]. Strategic Management Journal,2002,23(6): 469-490.

[11] LUO Y,PARK S H. Strategic Alignment and Performance of Market-Seeking MNCs in China[J]. Strategic Management Journal,2001,22(2): 141-155.

[12] REYNOLDS P,CHIN N. Global Entrepreneurship Monitor: Data Collection Design and Implementation 1998—2003 [J]. Small Business Economics,2005,24(3):205-231.

[13] REYNOLDS P D,CARTER N M, GARTNER W B,et al. The Prevalence of Nascent Entrepreneurs in the United States: Evidence from the Panel Study of Entrepreneurial Dynamics[J]. Small Business Economics, 2004,23(4): 263-284.

[14] REYNOLDS P D,CURTIN R. Business Creation in the United States: Panel Study of Entrepreneurial Dynamics II Initial Assessment[J]. Foundations and Trends in Entrepreneurship, 2008,4(3): 155-307.

[15] PATRICIA M D,ROBINSON R B. New Venture Strategies: An Empirical Identification of Eight "Archetypes" of Competitive Strategies for Entry[J]. Strategic Management Journal,1990,11(6): 447-467.

[16] STERNBERG R,WENNEKERS S. Determinants and Effects of New Business Creation Using Global Entrepreneurship Monitor Data[J]. Small Business Economics,2005,24(3): 193-203.

[17] ZHANG Y, LI H. Innovation Search of New Ventures in a Technology Cluster: the Role of Ties with Service Intermediaries [J]. Strategic Management Journal,2010,31(1): 88-109.

[18] 蔡莉,崔启国,史琳. 创业环境研究框架[J]. 吉林大学社会科学学

报,2007(1):50-56.

[19] 池仁勇.美日创业环境比较研究[J].外国经济与管理,2002,24(9):13-19.

[20] 陈兴淋.南京创业环境现状评价:一项基于专家问卷的实证研究[J].南京社会科学,2007(7):135-140.

[21] 范良聪,罗卫东.基于社会资本视角的创业环境评价体系研究[J].科学学研究,2008(2):327-334.

[22] 林嵩,刘小元,许进,等.京津冀创业生态指数报告[M].北京:中国社会科学出版社,2016.

[23] 王秀峰,李华晶,张玉利.创业环境与新企业竞争优势:CPSED的检验[J].科学学研究,2013,31(10):1548-1552.

[24] 徐建振,柳晓玲.城市创业环境的评价——基于熵值法和多级模糊综合评价法[J].赤峰学院学报(自然科学版),2014(1):39-41.

[25] 徐凤增,周键.创业型企业创业环境评价与国际比较——基于GEM和中国的调查数据[J].中央财经大学学报,2013(12):50-57.

[26] 杨晔,俞艳.上海创业环境的GEM模型分析和政策建议[J].上海财经大学学报,2007,9(2):82-89.

[27] 叶依广,刘志忠.创业环境的内涵与评价指标体系探讨[J].南京社会科学,2004(2):228-232.

[28] 赵珍,池仁勇.剖析"浙江现象"的创业环境[J].科技进步与对策,2003(8):108-110.

第 10 章　浙江区域创业水平

创业是经济增长的一种重要驱动力，也是解决就业、社会发展的主要推动力。近年来，全球创业活动越来越活跃，国家或地区之间的竞争也日益聚焦在创业创新水平。随着我国改革开放的深入推进，创业也成为中国经济发展的强劲推力。在目前经济下行和转型升级的双重压力下，更需要把创业作为启动经济增长的新引擎，调整生产结构，缓解就业压力。创业是区域经济增长的重要源泉，创业活动的发展水平和活跃程度在区域间存在的差异，可能进一步加剧区域间经济发展的差距。因此，分析区域创业水平及其差异的影响因素，对于激发创业热情、缩小区域经济差距具有重要的现实意义。

浙江是民营经济大省，私营企业数量位居全国第二，因此创业活动异常活跃。张钢等(2009)研究表明，浙江的创业活动在全国属于领先水平。全球创业观察中国报告(2007)也将浙江列入创业活动高活跃地区，高建等(2009)利用创业率指标测算也说明浙江的创业活动非常活跃。但是，浙江省内各地区间的创业水平却存在较大差异，一定程度上也影响了区域经济的发展。

本章对浙江区域创业活动进行了衡量和影响因素分析。首先，在梳理整合区域创业相关资料的基础上，回顾了区域创业的国内外研究现状，通过计算浙江省 11 个市的 CPEA 值，揭示了区域创业水平差异。其次，以创业率为区域创业水平的衡量指标，利用面板数据模型从产业结构、市场需求、人力资本、技术发展、创业文化、私人财富 6 个方面分析了形成区域创业水平差异的影响因素。最后，有针对性地提出提升区域创业水平的对策建议。

10.1 文献综述

近年来,区域创业的研究引起了越来越多学者的关注,主要成果集中于以下两个方面:区域创业水平的衡量与比较;区域创业差异的影响因素分析。区域创业水平的衡量,目前国际上主要是采取了OECD和GEM的评价方法。OECD主要选择了自我雇佣率(Self-employment Rate)[①]和企业主比率[②]2个指标,而GEM采用了TEA(总体创业活动)、EEA(员工创业活动)和SEA(社会创业活动)3类指标,其中被广泛应用的是TEA指数,它是初生创业者比例和新企业创业者比例之和,侧重测量创业的早期阶段[③]。高兴民等(2015)以自我雇佣人数占总就业人口的比重对广东省21个市的创业水平进行测量,其中,自我雇佣人数以私营与个体从业人员数近似代替。国内对区域创业水平的衡量侧重于构造指标体系。张钢等(2009)以作为个体的私营企业主和作为组织的私营企业数两个维度,从增长率、存量和频率3个方面提出地区创业评价的指标体系,并对我国31个省、自治区、直辖市进行了地区创业评价分析。齐玮娜等(2015)从创新性与规模性两个层面构造创业质量指数衡量我国30个省、市在2001—2009年的区域创业质量。范伟,等(2010)选取了"每万人均私营企业个体户数量""私有经济占GDP比例""创业的服务支持条件""创业的基础支持条件"和"创业的氛围支持条件"5类指标对2007—2008年参与GEM调查的24个城市的创业发展水平进行了聚类分析。

部分学者在对比了不同省份的创业水平后发现,各地区的创业水平存在着很大的差异,进而研究了导致差异的原因。国外相关研究成果主要是这些:Keeble等(1994)发现私人财富水平、中小企业环境等方面因素可以用来解释英国区域创业水平的差异。Armington等(2002)认为市场需求变化、人力资本等方面因素可以用来解释美国区域创业水平的差

① 自我雇用率是自我雇佣人数与总就业人口或劳动力人口的比值。

② 企业主比率是企业主数与劳动力总人口的比值。

③ 关于初生创业者、新企业创业者等概念界定,请参阅第2章有关内容。

异。Fritsch 等（2005）揭示产业结构、失业等方面因素可以用来解释德国区域创业水平的差异。Huggins 等（2015）发现，市场特性、创新系统特性以及区域文化、社区和创业相关机构的特性是导致英国的威尔士、苏格兰、英格兰 3 个地区间创业差异的主要原因。国内相关研究成果有：高建等（2009）通过回归分析表明，人口变化率、消费水平增长、产业结构变化、人力资本水平、技术发展水平、私人财富水平以及创业文化水平等是区域创业差异的决定因素。赵向阳等（2012）从国家文化的视角阐述了文化与国家经济发展水平之间的交互作用导致了不同国家之间的创业活动差异。GEM 中国报告（2007）显示：我国创业活动区域差异明显，创业活动活跃度高的地区，也是经济增长较快的地区；创业活动欠活跃的地区，也是经济增长较慢的地区。

现有研究表明，我国区域创业的活跃度具有明显差异，而且这些差异对于研究我国创业问题，指导我国创业活动发展具有良好的推动作用。浙江作为民营经济大省与强省，创业活动异常活跃，各区域创业水平也呈现比较明显的差异。本章将衡量浙江省 11 个市的区域创业水平，揭示区域创业水平差异，分析区域创业水平差异的影响因素，并提出相应的对策建议。

10.2　浙江区域创业水平测度

全球创业观察中国报告虽然描述了中国与其他国家在创业态势和特性上的差异，但是 TEA 主要是通过测量处于早期创业阶段的初生创业者指数与新企业创业者指数来评价国家或地区的创业活跃度，难以动态揭示不同国家或地区在整体创业水平上的差异。因此，本章采用 GEM 中国研究小组开发的中国私营企业创业指数（China Private Entrepreneurship Activity，CPEA）衡量地区创业活动水平，揭示各地区创业的现状。CPEA 的含义是指某地区每万成年人（18—64 岁）中在过去 3 年新增的私营企业数量①。

这里的统计数据来源于 2012—2016 年《浙江统计年鉴》、浙江省 11 个市的统计年鉴。经过计算，得到 2015 年浙江 11 个市的 CPEA 值②，如表 10-1 所示。

表 10-1 2015 年浙江 11 个市的 CPEA 值

地区	浙江	杭州	宁波	金华	嘉兴	绍兴
CPEA	169.28	307.63	217.61	194.55	159.25	152.30
地区	湖州	温州	舟山	台州	衢州	丽水
CPEA	150.06	127.91	122.06	110.63	72.07	69.00

表 10-1 的结果表明，2015 年 CPEA 最高为杭州，达到 307.63，其次宁波为 217.61，金华为 194.55。这 3 个市的创业水平高于浙江省的平均水平 169.28，属于第一层次。嘉兴、绍兴和湖州的 CPEA 比较接近，分别为 159.25、152.30 和 150.06，在全省属于第二层次。温州、舟山和台州的 CPEA 分别为 127.91、122.06 和 110.63，位于全省第三层次。丽水、衢州的 CPEA 分别为 69.00 和 72.07，是全省最低的 2 个市。对比创业水平最高的杭州和最低的丽水，前者是后者的 4.46 倍。这说明浙江各区域间的创业水平存在显著差异。

考虑浙江省 11 个市的经济发展水平，按照 2015 年人均 GDP 排序，将浙江 11 个市分为发达地区和欠发达地区③，其中属于发达地区的是：杭州、宁波、嘉兴、湖州、绍兴、舟山；属于欠发达地区的是：温州、金华、衢州、台州、丽水。基于图 10-1，比较两种地区的创业水平发现，发达地区的 CPEA 平均为 184.82；而欠发达地区的 CPEA 平均为 114.83。发达地区的 CPEA 显著高于欠发达地区，这说明创业对于地区经济发展具有不可或缺的推动作用。创业水平高的地区更能吸引人才和资本、积聚创业资

---

① 高建，等：《全球创业观察中国报告（2007）》，清华大学出版社 2008 年版，第 65 页。

② 由于统计口径的原因，无法全面获取 2012 年之前浙江省 11 个市的私营企业数据，所以只能计算得到 2015 年 11 个市的 CPEA 指数。

③ 参考《全球创业观察中国报告（2007）》的做法，以 2016 年《浙江统计年鉴》公布的人均 GDP 数据排序后，将前六名归为发达地区，后面的归为欠发达地区。

源，从而导致地区间创业差异的扩大；另一方面，创业活动是经济增长的重要源泉，创业的差距可能驱使地区经济发展水平差距的不断扩大。值得注意的是，金华虽然属于欠发达地区，但是其创业水平却较高。如图10-1所示：

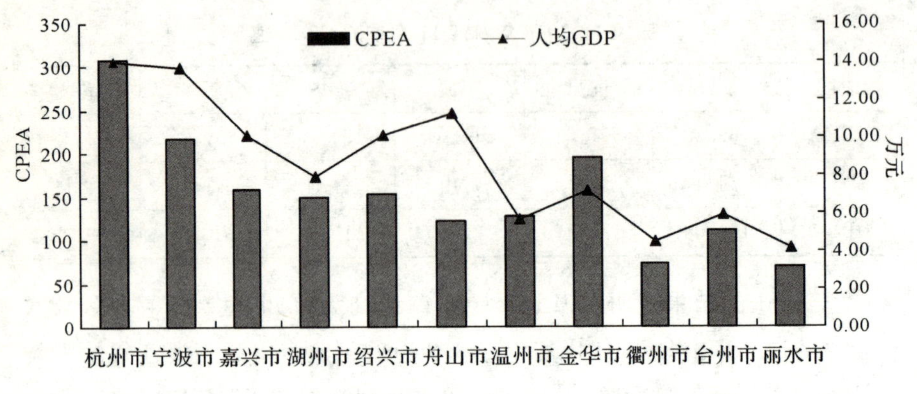

图 10-1　2015 年浙江 11 个市的经济发展水平与创业水平

10.3　浙江区域创业水平的影响因素

创业活动的产生是机会和能力综合作用的结果，机会表现为技术、经济、政治、社会和人口变化所产生的创造新事物的潜力，能力则是来源于创业者个体的创业意愿和所具备的创业技能。在区域层面分析决定地区能否产生较多的新企业，需要分析该地区是否具备提供较多创业机会的条件、具有较多创业意愿和技能的创业者以及其他支持创业的资源。在现有研究文献分析的基础上，本章提出如下6个假设，作为形成区域创业水平差异的影响因素。

10.3.1　理论假设

假设1：产业结构调整将显著地提高区域创业水平。第三产业中类似于餐饮业这种低技术含量、低人力资本聚集、进入门槛低的行业和软件开发这种高技术含量、高人力资本聚集、进入门槛较高的行业的发展都有利于创业的进行。

假设 2:消费水平的提高将显著提高区域创业水平。消费水平的提高将促进地区经济的增长,增大对商品种类和数量的需求,将促使人们为了满足日益增长的需求而开办新的企业,开发新的产品,让更多的人选择创业。

假设 3:技术发展水平的提高将显著提高区域创业水平。技术发展是产生创业机会的重要来源。一项新技术一旦被创业者察觉,会吸引他们创建企业去实现技术商业化。如果一项新的技术或发明是成功的,先驱创业者从中获取高额利润,会激励其他创业者跟随,诞生出更多的创业企业。

假设 4:人力资本水平的提高将显著提高区域创业水平。我国现阶段的劳动力水平虽然随着高等教育水平的提升有所改善,但与发达国家相比还有较大的发展空间。受教育年限的提高使得人们对市场的判断准确度提高和获取创业信息等的途径增多,而且许多科技型的创业需要高技术人才的参与。因此人力资本水平的提高将促生一批创业者和新创企业。

假设 5:创业文化水平的提高将显著提高区域创业水平。用私营企业就业人数占地区总就业人口比重来间接衡量地区创业文化水平是因为私营企业是创业的结果,若私营企业就业比例越高,越能间接地反映出地区创业氛围越好。人们对该地区的创业者和创业企业越有社会认同感,非创业者越能受到创业的鼓励,使得当地的商业氛围和创业氛围更好。

假设 6:私人财富水平的增加将显著提高区域创业水平。私人财富水平越高,促使个人越容易融资,融资的成本相对较低,个人会在消费之余,选择创办企业来进行投资,进而获得更大的利润和满足感。

10.3.2　变量指标

在上述 6 个假设基础上,提出产业结构、市场需求、技术发展、人力资本、创业文化、私人财富 6 个方面作为形成区域创业差异的影响因素来源,其中产业结构、市场需求、技术发展影响区域创业机会条件,人力资本和创业文化影响创业者条件,私人财富影响支持创业的资源条件。

产业结构变化采用第三产业产值增加额与总产业产值增加额的比值。市场需求变化通过人口变化率和消费水平增长来衡量。技术发展水平采用地区人均拥有的发明专利数来评价。人力资本水平以高等教育人口占总人口的比重来测量。因为浙江省 11 个地市没有完整的统计劳动力就业中高等教育的人员数，因此采用教育成果法对人力资本进行估算，这种方法直观且易于操作，在中观和微观层面的研究中被广泛运用。创业文化采取间接衡量的方式，即通过私营企业就业增长量占地区总就业人口比重来衡量。创办私营企业是创业的结果，地区就业越倾向于私营企业，间接反映出地区的创业氛围越好，该地区人们对创业企业越有社会认同感，周边的人群越容易受到创业的鼓励，商业氛围越好。私人财富水平采用人均城乡银行储蓄存款来测量。

如表 10-2 所示，各变量的统计描述表明，在研究期内，技术发展指标的地区差异最大，平均值为 2.11，最大值 7.89，最小值 0.32，标准差和极值比分别为 2.02 和 24.96；人力资本指标的地区差异也较大，均值 1.93，最大和最小值分别为 6.68 和 0.46，标准差和极值比分别为 1.64 和 14.45；产业结构的地区差异最小，均值 44.39%，最大值 55.25%、最小值 38.69%，标准差和极值比仅为 4.06% 和 1.43。此外，消费水平增长、人口变化率、创业文化和私人财富 4 个变量的标准差和极值比 2 个指标也体现出地区差异的普遍存在。总之，无论从绝对差距指标——标准差，还是相对差距指标——极值比，都可以发现，浙江省 11 个市在各变量间存在的显著差异。

表 10-2　2012—2015 年浙江省 11 个市的各变量统计描述

	均值	最大值	最小值	标准差	极值比
产业结构(%)	44.39	55.25	38.69	4.06	1.43
消费水平增长	7.43	8.79	5.77	0.57	1.52
人口变化率(%)	4.15	7.60	1.33	1.88	5.71
技术发展	2.11	7.89	0.32	2.02	24.96
人力资本	1.93	6.68	0.46	1.64	14.45
创业文化(%)	37.63	50.96	29.61	5.54	1.72
私人财富	5.62	9.35	2.41	1.85	3.88

如表 10-3 所示，计算各变量的相关系数表明，技术发展水平与人力资本之间存在高度相关（相关系数为 0.910 1），与私人财富之间存在显著

相关(相关系数为 0.791 5);人力资本与私人财富之间存在显著相关(相关系数为 0.783 6)。因此在构建模型时应将其分开建模,避免可能存在的多重共线性问题。

表 10-3　各变量相关系数

	人口变化率	消费水平增长	技术发展	人力资本	创业文化	私人财富
产业结构	0.373 5	0.317 2	0.617 8	0.669 0	0.664 5	0.545 4
人口变化率	—	−0.153 6	−0.107 7	−0.066 5	0.134 4	−0.066 3
消费水平增长	—	—	0.277 8	0.288 9	0.223 0	0.288 3
技术发展	—	—	—	0.910 1	0.493 9	0.791 5
人力资本	—	—	—	—	0.489 1	0.783 6
创业文化	—	—	—	—	—	0.315 7

10.3.3　面板数据模型

面板数据模型的一般形式如下:

$$y_{it} = \sum_{k=1}^{k} \beta_{ki} x_{kit} + u_{it} \tag{10-1}$$

其中,$i=1,2,\cdots,N$,表示 N 个个体;t 表示已知的 T 个时点。y_{ik} 是被解释变量对个体 i 在 t 时的观测值,x_{kit} 是第 k 个非随机解释变量对于个体 i 在 t 时的观测值;β_{ki} 是待估计的参数;u_{it} 是随机误差项。

常用的面板数据模型有混合回归模型、固定效应模型和随机效应模型。混合回归模型,从时间上看,不同个体之间不存在显著差异;从截面上看,不同地区之间也不存在显著差异,那么就可以直接把面板数据混合在一起,用普通最小二乘法估计参数。由于混合回归模型假设了解释变量对被解释变量的影响与个体无关,所以在实际问题中混合回归模型并不适用。固定效应模型,对于不同的截距面或不同的时间序列,只是模型的截距项是不同的,而模型的斜率系数是相同的。随机效应模型,如果模型中缺失了分别随个体和时间变化的不可观测随机型因素时,可以通过对误差项的分解来描述这种信息的缺失,且各分解项之间互不相关,各自分别不存在截面自相关、时间自相关和混合自相关。在实际应用时,选择固定效应模型或随机效应模型的做法是,先建立随机效应模型,然后进行

Hausman 检验，如果拒绝原假设，则建立固定效应模型；反之，则建立随机效应模型。

10.3.4 影响因素的实证分析

区域创业水平的面板数据模型中，因变量是区域创业水平的衡量指标。2012 年以前，浙江省 11 个市的私营企业数的统计口径有较大变化，导致各市私营企业数缺失，无法计算得到 2012—2015 年各市的 CPEA 值。所以，这里以创业率指标来衡量区域创业水平①，它是每万成年人所拥有的创业企业数。在中国，私营企业是创业的主要结果，因此各地区新增的私营企业数作为当年新增的创业企业数。

建立面板数据模型对浙江区域创业差异的影响因素进行分析。考虑到各因素对创业产生的影响具有滞后性，各自变量指标选取滞后因变量一年的数据。因变量创业率采用 2013—2015 年数据，自变量相应为 2012—2014 年数据。采用 Hausman 检验来判别是选用固定效应模型还是随机效应模型。表 10-4 中的模型 1 进行 Hausman 检验得到 $x^2=5.263$，相应的概率 $P=0.628$，接受采用随机效应模型的原假设。同理验证模型 2、3 和 4，均认为要采用随机效应模型。

经过 Eviews 计算，得到面板数据模型的回归结果如表 10-4 所示。模型 1 包含所有自变量指标，模型 2、3 和 4 考虑到技术发展水平和人力资本和私人财富之间的可能存在的多重共线性，将它们分开放入模型重新计算。

表 10-4 面板数据回归结果

自变量(滞后一年)	模型 1	模型 2	模型 3	模型 4
常数项	−14.44 (−1.29)	−18.07 (−0.35)	−16.02 (−1.34)	5.566 (1.09)
产业结构	0.678 (0.51)	0.534 (0.37)	0.723 (0.57)	0.678 (0.41)

① 这种计算方法被称为劳动力市场法。参见高建，石书德 · 中国转型经济背景下创业地区差异的决定因素研究[J]. 科学学研究，2009，7.

续 表

自变量(滞后一年)	模型1	模型2	模型3	模型4
消费水平增长	0.996 (2.18)	0.881 (1.86)	0.976 (2.18)	2.413 (2.43)
人口变化率	0.778 (0.41)	0.621 (0.30)	0.748 (0.40)	0.977 (0.39)
技术发展	4.107 (1.98)		4.382 (1.62)	6.003 (1.87)
人力资本	0.505 (2.11)	4.115 (1.79)		4.563 (2.81)
创业文化	−0.652 (−1.94)	−0.449 (−1.67)	−0.655 (−1.95)	−0.756 (−2.82)
私人财富	6.990 (2.72)	7.984 (2.99)	7.050 (2.80)	
Adjusted-R	0.734	0.685	0.734	0.522
F-统计量	9.858	9.409	11.952	4.733
Hausman 检验				
χ^2 统计量	5.263	2.478	3.800	4.682
概率 P	0.628	0.871	0.704	0.585

注:括号内的数值为 t 统计量,* 表示 $p<0.1$,* 表示 $p<0.05$。

产业结构在模型1、2、3和4中的回归系数均不显著,说明以服务业发展衡量的产业结构变化并没有对地区产业产生显著影响,原因可能是目前产业中仍以制造业为主,服务业的发展水平较低①,服务业创业比较弱,对区域创业水平没有表现出显著的影响效果。目前来看,浙江服务业仍然是以传统服务业发展为主,“低、小、散”的特点决定了建立企业创业的机会还比较少。

市场需求的评价指标——消费水平增长在4个模型中的回归系数分

① 浙江省11个市的产业结构在2012—2014年的均值仅为44.40%,与发达国家美国(75%)、日本(64.8%)、德国(64.9%)、法国(73.9%)相比,存在较大差距。

别为 0.996、0.881、0.976 和 2.413，说明消费增长有利于提高区域创业水平。但是另外一个指标人口变化率在 4 个模型中的回归系数均不显著，说明人口的增加并没有像美国和英国一样，促进区域创业水平的提升。总之，以消费增长衡量的市场需求对地区创业有显著的促进作用。

技术发展在模型 1、3 和 4 中的回归系数分别为 4.107、4.382 和 6.003，表明技术发展水平会促进区域创业水平的提高。技术发展是产生创业机会的重要来源，新技术和新发明会吸引创业者创建企业，实现商业价值。

人力资本在模型 1、2 和 4 中的回归系数分别为 0.505、4.115 和 4.563，说明人力资本水平越高，区域创业水平也越高。人力资本水平高的地区，通常劳动力的素质越高，因此较有可能从事技术创业，或者为新企业成立提供有效的技术支持，使得创业成功的可能性越大。因此，人力资本对区域创业也具有促进作用。

创业文化在 4 个模型中的回归系数不显著，这与本文的假设 5 相矛盾。本研究无法获取浙江省 11 个市的私营企业就业人数，只能把创业文化指标用第三产业就业增长占总就业人数的比重来替代，这可能是导致结果不显著的原因之一。目前，浙江第三产业仍然以传统服务为主，传统行业就业人数的增长在一定程度上反而会抑制创业者从事创新创业的热情。

私人财富在模型 1、2 和 3 中的回归系数分别为 6.990、7.984、7.050，表明私人财富水平越高，区域创业水平越高。私人财富是初生企业的主要融资来源，浙江民间资本非常充沛，家庭成员、亲戚朋友的资金都是创业者实现融资的重要方式。因此，在私人财富水平较高的地区，创业者成功融资的可能性也越高，融资成本也越低，创业企业也越容易成立。

10.3.5 两类地区的创业差异分析

前文比较了浙江发达地区和欠发达地区的区域创业水平的 CPEA 值，发现两者存在比较大的差异。对于差异的成因，这里将从区域创业差异的各个影响因素的角度进行深入分析。如图 10-2 所示，刻画了两类地区 2012—2014 年产业结构、消费水平、人口变化、技术发展、人力资本、创业文化和私人财富 7 个方面影响因素的差异情况。

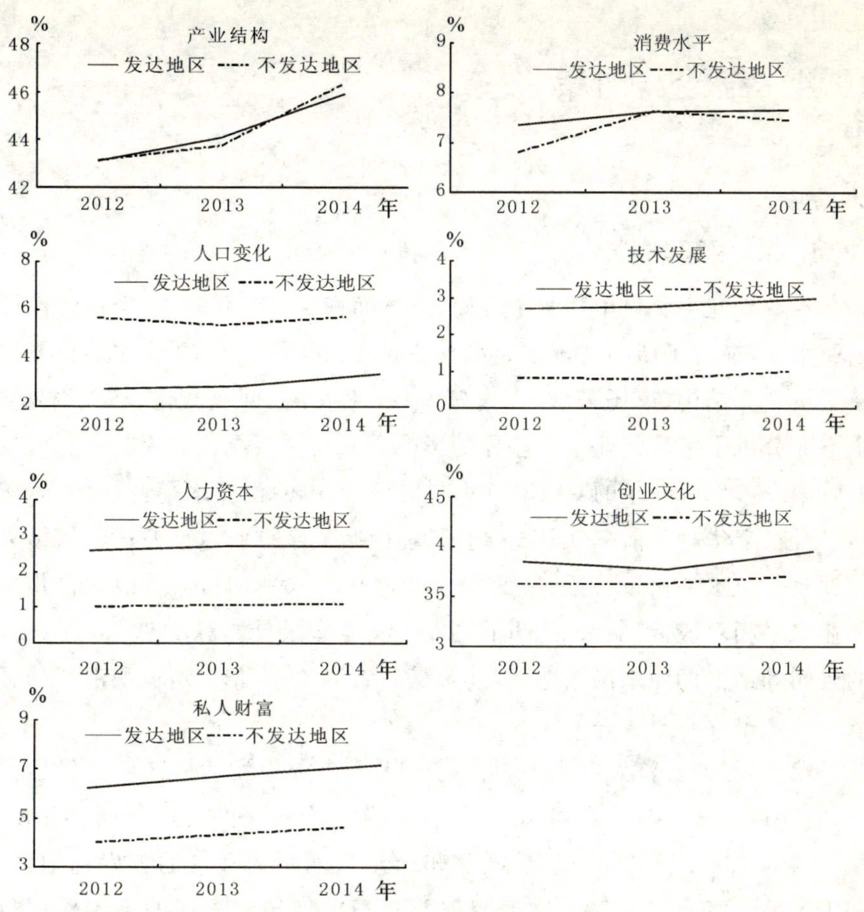

图 10-2　2012—2014 年两类地区各影响因素变化趋势的对比

图 10-2 表明，浙江发达地区和欠发达地区在人口变化、技术发展、人力资本、创业文化和私人财富 5 个方面均存在较大差距，尤其是技术发展和私人财富两个因素之间的差距还有明显扩大的趋势。这也在一定程度上导致了两个地区间创业水平的差距。产业结构因素的差距不是十分显著，这也说明浙江产业结构对创业水平还没有形成显著影响。

10.4 结论与对策

10.4.1 主要结论

本章研究主要集中于两个方面，一方面衡量了浙江省 11 个市的区域创业水平，描述了浙江区域创业水平差异现状。另一方面，利用面板数据模型从产业结构、市场需求、人力资本、技术发展、创业文化、私人财富 6 个方面分析了区域创业水平差异的影响因素。主要结论如下。

第一，以 2015 年的 CPEA 值作为浙江各市的创业水平衡量指标，杭州、宁波、金华排名前三，CPEA 值均高于浙江省的平均水平；嘉兴、绍兴和湖州创业水平比较接近，略低于全省的平均水平；温州、舟山和台州的创业水平相对较低；丽水、衢州的创业水平全省最低。对比创业水平最高的杭州和最低的丽水两个地区，前者是后者的 4.46 倍。这说明浙江的区域创业水平存在显著差异。

第二，按照经济发展水平，将浙江 11 个市分为发达地区和欠发达地区，其中以杭州、宁波、嘉兴、湖州、绍兴、舟山为代表的发达地区，CPEA 平均值为 184.82；以温州、金华、衢州、台州、丽水为代表的欠发达地区，CPEA 平均值为 114.83。这说明创业对于地区经济发展的推动作用毋庸置疑，创业活动是经济增长的重要源泉，创业水平差距可以促使区域经济发展水平差距的不断扩大。

第三，从产业结构、市场需求、技术发展、人力资本、创业文化、私人财富 6 个方面建立理论假设，分析形成区域创业水平差异的影响因素。通过建立随机效应的面板数据模型并经实证分析发现，产业结构因素在 4 个回归模型中均不显著，说明以服务业发展衡量的产业结构变化并没有对区域创业产生显著影响；消费水平增长所衡量的市场需求因素在 4 个模型中的回归系数显著且均为正值，说明消费的增长有利于提高区域创业水平。技术发展、人力资本和私人财富因素在各模型中的回归系数显著且大于零，表明技术发展水平的提升、人力资本的提高和私人财富的增加会促进区域创业水平的提高。创业文化在 4 个模型中的回归系数均不显著。

第四，以人均 GDP 衡量的浙江发达地区和欠发达地区在人口变化、技术发展、人力资本、创业文化和私人财富 5 个方面均存在较大差距，尤其是技术发展和私人财富两个因素之间的差距还有明显扩大的趋势。这也在一定程度上导致了两个地区间创业水平的差距。发达和欠发达地区的产业结构因素差距并不显著，这说明浙江产业结构对创业水平还没有形成显著的影响。

10.4.2　对策建议

创业改变人生，创业增加就业，创业优化竞争，打造创业大省、强省已经成为浙江经济社会发展的重要战略之一。为了进一步发挥创业在促进浙江经济结构调整、推动经济社会协调发展、推进城镇化进程中不可替代的作用，要从战略高度进一步统一思想，营造环境，提振信心，推动区域创业水平再上新台阶。

第一，抓住创业机遇，激发创业积极性。"十三五"期间，既是浙江经济和社会发展的战略机遇期，也是浙江快速开展创业活动的重要时期。浙江区域经济高度活跃，具有大量的创业机会。各地区间加强经济合作与发展，积极参与对外投资和贸易，全球的科技进步为浙江创业者提供了难得的机遇。进一步大力鼓励和支持全社会创业，增强创业氛围，降低创业壁垒和创业成本，逐步形成创业失败的退出机制，不断激发创业者的创业积极性。

第二，调整产业结构，促进创业创新。推动"大众创业，万众创新"，一方面要培育新兴产业，另一方面要挖掘存量资源，将过剩产能中沉淀的人才、资金等创新资源解放出来，引入到战略性新兴产业、高技术产业等效率更高的部门，从而调整产业结构，化解过剩产能，孕育一批新企业。促进各类创新成果通过自主产业化、转让、许可、入股等方式进入市场，使创业、创新大军不断壮大，形成新产品、新市场和新业态，提升产业价值链。

第三，加大金融创新，缓解创业融资困境。着力改进金融支持与服务，破解创业融资难的困境。在不断完善企业信用公共查询系统的同时，尽快建立各金融机构间的个人信用联合征信系统，逐步发展对个人的创业贷款。对新办企业积极开展票据融资，特别是发展承兑汇票市场，争取在一些优质的新办企业发行债券、信托投资产品等金融产品。积极发展风险投资，满足优秀创业者特别是高新技术创业者的融资需求。完善担保机构风险控制和资金补偿、奖励机制，进一步扩大担保业务。政府要加快设立创业基金，通过科学、公开的程序，向创业者提供创业贴息和担保。

第四，加强创业教育，营造创业环境。增强高等院校和成人职业技术学校的创业教育，提高创业教育水平。大学尤其要将培育创业精神作为人才培养的一项基本要求。培养和引进师资，编写创业教材，通过案例教育、模拟场景、实习和创业计划竞赛等方式，增强创业思维训练。增加创业教育内容，培养青少年的创业意识和基本技能。鼓励举办面向社会的创业教育和活动，不断提升创业精神的培育和弘扬。保证市场竞争的公平性，按照市场规则建立优胜劣汰的机制。政府减少对市场的直接行政干预，努力营造有利于大众创业、万众创新的环境，加强产权保护，完善征信体系，统一执法标准，促进市场主体依法经营。

参考文献

[1] ARMINGTON C, ACS Z J. The Determinants of Regional Variation in New Firm Formation[J]. Regional Studies, 2002(36): 33-45.

[2] 赵向阳，李海，RAUCH A. 创业活动的国家（地区）差异：文化与国家（地区）经济发展水平的交互作用[J]. 管理世界，2012(8): 78-83.

[3] 高建，石书德. 中国转型经济背景下创业地区差异的决定因素研究[J]. 科学学研究，2009(7): 1011-1019.

[4] 徐建平，王重鸣. 创业精神的区域文化特征：基于浙江的实证研究[J]. 科学学与科学技术管理，2008(12): 141-145.

[5] 高兴民，张祥俊. 地区创业水平影响因素的空间计量分析[J]. 中国科技论坛，2015(4): 94-99.

[6] 张琳. 于创业阶段的中国区域间创业性别差异研究[J]. 科学学研究，2014(8): 1207-1217.

[7] 陈翠霞，李海东，黄细兵. 区域创业力理论及实证分析初探[J]. 科学学与科学技术管理，2008(11): 71-74.

[8] 汤勇，汤腊梅. 区域创业资本与经济增长关系——基于中部地区面板数据的研究[J]. 经济地理，2014(4): 33-39.

[9] 刘杰,郑风田.社会网络、个人职业选择与地区创业集聚——基于东风村的案例研究[J].管理世界,2011(6):132-141.

[10] 黎常.社会文化特征对区域创业活动影响差异研究[J].科学学研究,2014(12):1888-1896.

[11] 马鸿佳,董保宝,常冠群.网络能力与创业能力——基于东北地区新创企业的实证研究[J].科学学研究,2010(7):1008-1014.

[12] 石书德,高建.知识流动、创业活动对经济增长的影响——一种解释中国区域经济差异的观点[J].科学学与科学技术管理,2009(11):134-140.

[13] 买忆媛,甘智龙.我国典型地区创业环境对创业机会与创业能力实现的影响[J].管理学报,2008(2):274-278.

[14] 萧志泳,高建.澳门创业活动水平与创业政策[J].科学学研究,2009(4):563-568.

[15] 张钢,崔凯峰.地区创业水平:对我国 31 个地区的评价研究[J].科技管理研究,2009(10):131-134.

后　记

实施“浙江创业观察(Zhejiang Entrepreneurship Monitor，ZEM)”项目，动因是浙江是中国的创业大省与创业强省，但迄今却缺乏这方面系统的数据收集与理论分析；方法是充分借鉴业已实施10多年的“全球创业观察(GEM)”；目的是更好地打造浙江省哲学社会科学重点研究基地“浙商研究中心”的标志性平台成果，走内涵式发展道路；意义是通过持续推进这个项目，促进创业理论的本土化与全球化的有机结合，积极服务于国家与浙江省的“大众创业、万众创新”工作。

本著作具体写作分工如下：项国鹏负责第1、9章；吴波负责第2、3、4章；孙元负责第5、6章；黎常负责第7、8章；陈娟负责第10章。项国鹏还承担了项目组织、全书框架设计与统稿工作。项目成员各自指导的工商管理学院研究生们也参与了项目研究与初稿写作，具体情况如下：2015级企业管理博士生石煜磊、2016级企业管理博士生娄淑珍参与第1章；2015级企业管理硕士生康金参与第2章；2016级企业管理硕士生赵春元参与第3章；2016级企业管理硕士生杨少东参与第4章；2015级企业管理专业硕士生童程娟参与第5章；2015级企业管理专业硕士生严姝悦参与第6章；2015级企业管理专业硕士生饶婷参与第7、8章；2014级企业管理硕士生宁鹏参与第9章。感谢以上各位同学的密切配合与精心工作。

今年是第一次实施ZEM项目，其间遇到了各种始料未及的困难。在众多部门与专家的大力支持与悉心指导下，项目组最终攻坚克难，使该项目得以规范化实施。感谢清华大学经济管理学院李记珍博士、牟睿、南丹麦大学教授Thomas Scott对项目启动的热情鼓励与技术指导；感谢校科技处、浙商研究中心学术委员会在项目论证与立项阶段的行政支持与业务指导；感谢校资产管理处、财务处在公开招标市场调查公司中的政策指导与周到服务；感谢工商管理学院领导与浙江省人文社科重点研究基地（浙江工商大学工商管理学科）对项目实施的关心与支持；感谢浙江向上创业投资管理公司裘宁敏、义乌市委党校王明华、舟山市银监局吴丽娜、交通银行温州分行张旭、中国建设银行宁波分行吴经文、宁波市江北区政府蔡宁、浙江大华技术股份有限公司徐军等在组织专家调查中给予的帮助；感谢上海零点市场调查公司认真细致的专业化工作；感谢接受访问调查的浙江民众与创业者的耐心作答。书稿得以顺利形成，是项目团队成员全面紧密合作的结果。项目实施的所有环节，包括构思、发起、论证、调查问卷的汉化与修改、数据分析、报告写作与修改等，都凝聚着所有成员辛勤劳动的汗水与无私付出的心血，彰显了项目团队的职业操守与精神追求。

本书的高效出版，得益于浙江工商大学出版社的有效组织与编辑们的奋力工作，一并致谢。

本书作为第一次实施 ZEM 项目的成果，在问卷设计、调查方式、数据分析、理论提炼等方面必然存在诸多不足。从国内外类似科研项目的进展历程与成功经验来看，只有经年累月地持续跟踪与不懈研究，才有可能实现项目预期目标并产生重要影响力。所以，项目组真诚希望，能在未来工作中获得相关部门与专家一如既往的支持，把 ZEM 项目做得更好。

“浙江创业观察”项目组

2016 年 11 月 28 日于浙江工商大学